행복을 위한 두 번째 **불편 레시피** 30

행복을 위한 두 번째

불편 레시피 30

자발적불편운동 실천가이드북

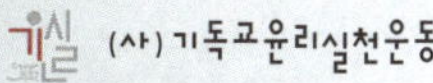

(사) 기독교윤리실천운동

행복을 위한 두 번째 불편 레시피 30

발행일 2025년 8월 21일

발행인 지형은
편집인 정병오
출간팀 김현아 박제우 유미호 윤동혁 이창호 홍천행
지은이 강희영 권장희 김성경 김승호 김재애 김현아 김희경 박제민 박제우 박진영 박현철 배융호 송기훈 신하영
　　　　유미호 윤동혁 이명진 이예지 이창호 임소연 임혜진 장철순 전현숙 정병오 정서형 조성돈 허지선 홍천행
디자인 윤동혁

발행처 도서출판 기윤실
등록번호 제2006-33호(2006.6.2)
주소 서울시 동대문구 안암로6길 19 202호
전화 02)794-6200　**팩스** 02)790-8585
이메일 cemk@hanmail.net　**홈페이지** cemk.org

© (사)기독교윤리실천운동 2025
ISBN 979-11-994229-0-2

자연과 생명을 위해 불편을 실천하고
이웃을 위해 편리를 양보하는
자발적불편운동

● contents

●들어가는 말 _ 이웃을 위한 절제, 정의를 위한 존중

해마다 기후 위기로 인한 재난들이 우리 삶을 위협하고 있습니다. 이전에 상상하지 못했던 영역에서 전혀 예상하지 못했던 강도로 다가오는 기후 재난 앞에서 우리는 두려움을 느낍니다. 하지만 이러한 기후 위기의 문제를 어떻게 극복할 것인가 하는 질문 앞에서 우리는 그 해답을 마주하기를 주저합니다. 우리의 편리함에 대한 끝없는 추구와 무절제한 소비가 기후 위기를 불러왔고, 우리 모두가 어느 정도의 불편을 감수하고 소비를 줄이는 생활 양식의 변화만이 기후 위기를 극복할 수 있는 길임을 잘 알고 있기 때문입니다.

기후 재난 못지않게 오늘날 우리의 삶을 위협하는 또 다른 요소는 다름과 차이를 견디지 못하고 판단하고 공격하는 불관용의 문화입니다. 약자에 대한 혐오, 정파와 이념에 다른 사실 왜곡과 조롱, 과도한 편 가르기 등으로 인한 극심한 갈등은 우리 사회를 안전하지 못한 사회로 만들어가고 있습니다. 이뿐 아니라 조금이라도 나를 불편하게 하는 것을 견디지 못하고 나에게 조금이라도 힘이 있으면 휘두르려는 경향도 많이 나타나고 있습니다. 그래서 갑질이 생기고 악성 민원으로 인해 고통을 호소하는 사람이 늘어나고 있습니다.

편리함, 그것도 나의 편리함이 우리 시대의 신앙이 되어가고 있습니다. 그런데 역설적이게도 우리 모두가 자신만의 편리함을 추구할수록 우리 사회는 더 불편하고 불행한 사회가 되어가고 있습니다. 그래서 기윤실은 창립 초기부터 검소, 절제를 성도의 가장 기본적인 덕목으로 주장해왔습니다. 최소한의 소비, 최대한의 나눔, 자발적불편, 타인에 대한 존중을 실천하는 것이 내 영혼을 세속으로부터 지키고 이웃을 내 몸같이 사랑하라는 예수님의 말씀을 지키는 길임을 강조해 왔습니다.

이러한 자발적불편운동을 생활 가운데서 구체적으로 실천하는 것을 돕기 위해 2014년에 『행복을 위한 불편 레시피 30』을 펴낸 바 있습니다. 학교, 직장, 가정, 교회, 사이버, 공공/공통 6개 영역에서 실천할 수 있는 30가지 지침을 담은 이 책은 한국 교회 내 큰 호응을 얻었습니다. 그런데 이 책을 펴낸 지 10년이 지나면서 그동안 새롭게 제기된 상황들과 그에 맞는 실천 지침을 내놓는 것이 필요하다는 판단 하에 내용을 완전히 새롭게 작성하여 두 번째 책을 펴내게 되었습니다.

특별히 이번 책은 '기후환경'과 '이웃약자' 2개의 영역으로 크게 나누고 기후위기 시대를 극복하기 위한 실천 지침과 '초갈등 시대' 가운데 서로 존중하며 따뜻한 사회를 만들어가기 위한 실천 지침을 집중적으로 다루었습니다. 개인적으로 묵상하고 실천할 수도 있고, 교회나 선교단체 등 공동체 가운데서 함께 토론하고 실천할 수도 있을 것입니다. 그리스도인을 1차 독자로 염두에 두었지만, 일반인들도 함께 공감하고 실천할 수 있는 내용으로 구성했으니 시민 의식 함양을 위한 교재로 활용하셔도 좋을 것입니다.

공들여 만든 책이 귀하게 잘 활용되어 후손들에게 물려줄 수 있는 지속가능한 사회, 모든 사람들이 서로 존중하며 더불어 함께 살아가는 따뜻한 사회를 만들어가는 데 귀하게 사용될 수 있기를 간절히 소망합니다.

2025년 7월

기독교윤리실천운동 공동대표 **정병오**

*

1부
기후환경

한 끼의 선택, 변화의 시작

채식, 작은 불편으로 여는 더 나은 삶과 세상

"고기 안 먹어? 이 맛있는 걸 왜?" 누구에겐 정말 맛있는 음식일지 몰라도 누구에게는 그렇지 않습니다. 이상한 듯 쳐다보는 시선도 아직 적지 않지만, 채식이라는 새로운 생활문화가 점점 널리 알려지면서 이제 "아, 채식하는구나?"라고 인정해주고 배려해주는 시선도 많아졌습니다.

건강문제, 기후위기와 환경 보호, 동물권과 동물해방, 평화로운 삶의 방식 등 채식을 선택하는 이유도 다양합니다. 채식은 단순한 취향이나 식습관이 아니라 환경과 생명을 위한 윤리적 실천이자 나의 작은 불편으로 더 나은 세상을 만들고자 하는 자발적 불편운동의 한 형태입니다.

육식이 가져온 암울한 오늘

현대사회는 편리함과 풍요를 추구하며 육식 중심의 식문화를 강화했습니다. 육식주의를 뒷받침하고 장려해온 축산업은 동물학대와 환경파괴 같은 심각한 문제를 야기했습니다. 세계보건기구WHO의 2013년 발표에 따르면, 세계적으로 축산업에서 발생하는 온실가스 배출량이 전체 배출량의 14.5%에 달한다고 합니다. 쌀 1kg을 생산하는 데 3,400L의 물이 사용되는 데 비해, 소고기 1kg을 생산하는 데는 무려 15,500L의 물이 사용된다고 합니다. 이는 평균적인 한국인이 46일을 사용할 수 있는 양입니다. 전 세계에서 생산되는 곡물의 77%가 가축사료로

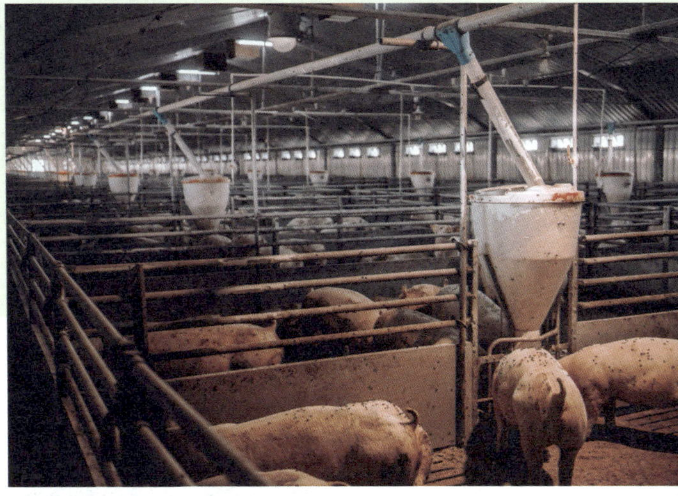

사용되고 있고, 이 곡물을 인간이 직접 소비하면 8억 명 이상의 기아인구를 먹일 수 있다고 합니다. 놀랍게도 2024년 세계 기아인구는 7억 3천만 명 정도로 추산된다고 합니다. 지구상에 가축은 300억 마리 정도 길러지고 있는데, 놀랍게도 매년 식용으로 도살되는 가축의 수는 길러지고 있는 가축 수의 두 배가 넘는 800억 마리에 달한다고 합니다. 절반 이상의 가축은 1년도 채 살지 못하고 도살당합니다. 대부분의 가축은 도살당하기 위해 강제임신을 당하고 젖과 알을 뺏기고, 털을 뺏기고, 몸을 채 움직이지도 못할 환경에서 비참하게 살아갑니다.

뭔가 정상적이지 않은, 지극히 암울한 상황이라고 느껴지지 않나요? 우리는 은연중에 육식주의자로 살아가며 세계가 불균형 속에 망가지고 있는 것을 인지하지도 못한 채 방치하고 있는 것인지도 모릅니다.

채식을 선택할 용기

이제는 이런 육식의 문제에 도전하고, 새로운 삶의 방식을 만들어갈 용기가 필요합니다. 채식은 기존의 육식 중심 사고를 재고하게 하며, 우리가 스스로의 선택을 통해 보다 건강하고 윤리적인 식문화를 만들어갈 수 있는 새로운 삶의 방식을 제시합니다. 이제 채식은 지구 생태계 전체의 고통을 줄이고 환경을 보전하며 지속 가능한 미래를 만들어가는 데 꼭 필요한 실천이 되었습니다.

그렇다고 해서 국가가 나서서 축산업을 한꺼번에 폐지할 수도 없고, 모든 사람이 갑작스럽게 채식을 선택할 수 있는 것도 아닙니다. 이것은 순수한 개인의 의지와 선택에 달린 일이며, 지속 가능한 삶, 더 나은 삶을 위해 스스로의 삶의 방식을 바꾸며 문화를 만들어가야 하는 일입니다. 우리에게 자발적으로 채식을 선택할 의지가 있는지, 그런 용기가 있는지가 중요합니다. 당장에 모든 육류와 동물부산물을 사용하지 않

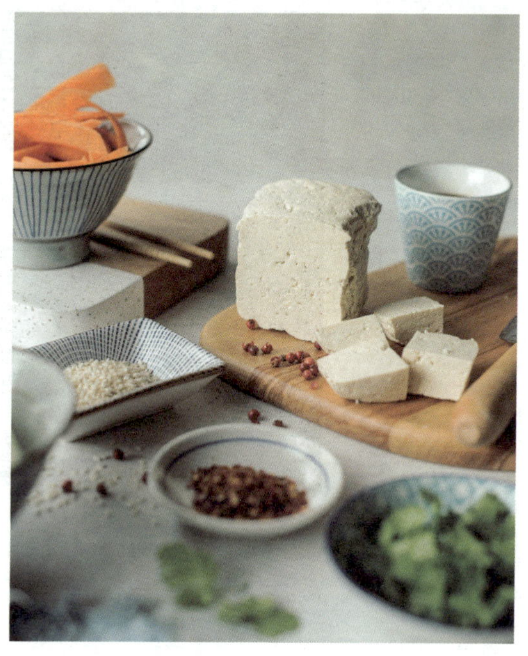

을 수는 없습니다. 그러나 작은 용기를 내어 오늘 한 끼는 더 나은 선택을 해본다면 어떨까요? 다시 한번 강조하지만, 채식주의자는 육식주의자보다 온실가스를 절반밖에 배출하지 않습니다. 한 사람이 1년 동안 일주일에 하루를 채식하면 약 52마리의 동물을 살릴 수 있습니다. 나의 '작은 불편'이 모여 더 나은 미래, 지속가능한 미래를 만들 수 있습니다.

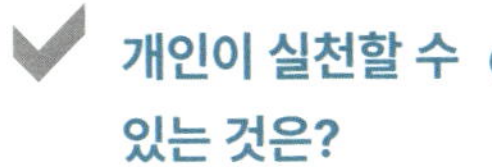

개인이 실천할 수 있는 것은?
- 1. 하루 한끼라도 채식 위주의 식단 실천하기
- 2. 주변의 채식 식당을 찾아 채소 위주 식단의 맛을 느껴보기
- 3. 식습관뿐 아니라 다른 소비에 있어서도 윤리적 소비 선택하기(크루얼티 프리 제품 사용)

함께 실천할 수 있는 것은?
- 1. 가족이나 공동체에서 채식의 날을 정하기
- 2. 교회, 회사 등의 공동식사 시 채식인을 위한 메뉴 고려하기
- 3. 채식 레시피와 노하우 공유하기

관련 정책과 필요 정책은?
- 1. 환경보호와 동물 복지를 고려한 식품산업 기준 강화
- 2. 채식 산업 촉진을 위한 인센티브 제공 및 축산업과 육식 소비에 대한 탄소세 부과
- 3. 채식과 식습관에 관한 교육 강화 및 학교 급식 식단 변화

<참고자료>
- 『비거니즘, 완벽하지 않아도 괜찮아』, 오지구요 지음, 동양북스 펴냄
- 『우리는 왜 개는 사랑하고 돼지는 먹고 소는 신을까』, 멜라니 조이 지음, 노순옥 옮김, 모멘토 펴냄
- '기후위기 시대, 채식이 지구를 살린다', 경향신문, 2020.10.17
- '육식의 반란' 총 3부, 전주 MBC 특별 다큐

육식의 반란

옷, 더 입고 덜 사기

슬로우 패션

슬로우 패션Slow fashion은 유행을 따르기보다 자신의 취향과 필요를 파악하고, 친환경적이고 질 좋은 의류를 소비함으로써 의류 생산과 소비의 속도를 늦추는 패션 경향을 말합니다. 영국의 지속가능패션센터Sustainable Fashion Center 케이트 플레처Kate Fletcher가 처음 사용했으며, 패스트 패션Fast fashion에 반대되는 개념으로 '천천히 만들고 느리게 소비하자'는 의미를 담고 있습니다.

패스트 패션

패스트 패션은 최신 유행을 반영해 빠르고 저렴하게 대량 생산하여 판매하는 패션 경향을 말합니다. 하지만 이러한 제품들은 단가를 낮추기 위해 질 낮은 소재를 사용하기 때문에 쉽게 버려지고, 유행이 지난 제품을 폐기하는 과정에서 발생하는 탄소배출 문제와 생산 속도 및 가격을 유지하기 위해 노동자를 착취하는 문제로 비판의 대상이 되었습니다.

옷으로 망가지는 지구

티셔츠 한 장을 만드는 데 약 2,700L, 청바지 한 벌을 만드는 데 약 7,000L의 물이 필요하고, 면화 재배를 위해 전 세계 살충제 사용량의 24%가 사용됩니다. 염료와 표백제 등의 화학제품으로 인해 수질 오염이 발생하고, 섬유 공장에서 방출하는 폐수에는 납, 수은 등의 위협적인 유해물질이 있습니

다. 의류산업으로 발생하는 온실가스 양은 약 40억 톤으로 전체 배출량의 8-10%를 차지합니다.

환경부에 의하면 2018년 6만 6천 톤이던 의류 폐기물은 2022년 11만 톤까지 빠른 속도로 늘어났습니다. 의류 소재로 많이 사용되는 폴리에스테르는 분해되는 데 수십에서 수백 년이 걸리며 화학 물질로 인해 토양을 오염시키고 유독가스를 배출합니다. 폴리에스테르와 나일론으로 만들어진 옷은 세탁할 때마다 미세플라스틱이 방출되고, 연간 100만 톤에 이르는 미세플라스틱이 하천과 바다로 흘러갑니다.

슬로우 패션

이처럼 패스트 패션의 심각한 환경오염에 대한 우려의 목소리가 높아지면서 옷의 생산과 소비 속도를 늦춰보자는 취지의 슬로우 패션이 등장했습니다. 대표적인 패스트 패션 브랜드들도 재활용 가능한 소재로 의류를 생산하는 등 지속가능한 패션을 위한 친환경 전략을 고민합니다. 슬로우 패션은 판매자가 윤리적 생산과 유통을 고려하도록 하고, 소비자가 자신의 라이프스타일을 성찰하도록 합니다. 덜 사고, 천천히 바꾸는 습관과 선택으로 인류와 생명의 터전인 바다와 땅을 보호할 수 있습니다.

Check List

- **1년에 몇 벌의 옷을 구매하나요?**

① 구매하지 않음　② 1~9벌　③ 10~19벌　④ 20벌 이상

- **한 달 평균 의류비는 얼마인가요?**

① 5만 원 미만　② 5~10만 원　③ 11~20만 원　④ 21만 원 이상

- **옷을 구매할 때 가장 중요하게 고려하는 요소는 무엇인가요?**

① 디자인　② 가격　③ 원단 소재 및 품질　④ 브랜드

⑤ 나만의 개성　⑥ 최신 트렌드

- **옷을 평균 얼마나 입고 버리나요?**

① 6개월 미만　② 6개월~2년　③ 2~3년　④ 3~5년　⑤ 5년 이상

- **의류로 인한 환경오염 문제가 옷을 선택할 때 영향을 끼치나요?**

① 전혀 영향 받지 않는다.

② 조금 신경 쓰지만 크게 영향을 끼치지 않는다.

③ 어느 정도 영향을 끼치며 상당히 신경 쓴다.

④ 항상 고려하며 옷을 선택한다.

☑ **개인이 실천할 수 있는 것은?**

1. 옷을 종류별로 정리해 취향을 파악하고 중복 구매 방지하기
2. 소재별 알맞은 세탁과 건조, 수선과 리폼으로 옷 수명 연장하기
3. 지속가능 브랜드, 나눔/재판매 가게 이용하기

☑ **함께 실천할 수 있는 것은?**

1. 모임을 만들고 함께 공부하기 : 느린 생활 습관을 나누고 실천할 수 있는 방안을 함께 고민하기
2. 온라인 공유 옷장 만들기 : 언제든 빌리고 나눌 수 있도록 소지한 옷의 리스트를 공유하기
3. 바자회 열기 : 바자회에서 나누고 재판매하며, 남은 옷은 기부 및 재활용센터에 전달하기

☑ **관련 정책과 필요 정책은?**

1. 패션 지속가능성 및 사회적 책임법 : 공급망을 친환경적으로 디자인하고 광범위한 환경 및 사회적 영향에 유의하도록 규정하는 미 연방 법률
2. 개더링 가먼트(Gathering Garments) : 어떤 브랜드의 옷이든 매장에서 반품해 재활용할 수 있도록 하는 H&M의 캠페인

<참고자료>
- 탄소중립녹색성장위원회 https://www.2050cnc.go.kr
- 슬로우패션과 우리동네 옷수선가게 : 재봉틀맵

재봉틀맵

리와일딩(rewilding : 재야생화)

자연을 자연답게

코로나19는 인류에게 큰 충격과 아픔을 주었지만 동시에 새로운 발견을 할 수 있게 해주었습니다. 단절을 통해 우리는 서로 연결되어 있다는 사실을 깨닫게 되었습니다. 무엇보다 인간이 멈춰있던 시간 동안 살아나는 자연을 보면서 인간종과 비인간종의 흐릿했던 연결고리가 더욱 또렷하게 드러나는 것을 느꼈습니다.

개발 대상인 자연

산업화 이후로 기술과 문명의 발전은 자연을 개발하는 길로 끊임없이 이어져 왔습니다. 철도와 도로, 바닷길과 하늘길을 통해 인간종의 터전이 확장되고 개발될 때마다 비인간종의 자리는 훼손되고 축소되었습니다. 물론 자연을 개발함으로써 인류는 안정적인 먹거리를 생산할 수 있게 되었고, 안전하고 안락한 생활공간을 확보할 수 있게 되었지요. 그러나 인간 활동으로 인해 자연생태계면적 47%가 사라졌고, 1백만 종이 멸종위기를 겪고 있습니다. 이런 상황에서 여전히 자연을 '개발'의 대상으로만 바라보는 시선에 머물러있다면, 지금 재야생화에 주목해 봅시다.

재야생화란

재야생화rewilding는 자연이 스스로 회복하고 살아가는 생태계를 만들기 위한 자연보전접근법입니다. 핵심종을 투

새만금 방조제와 간척사업으로 대부분의 갯벌이 사라지고
마지막으로 남은 수라갯벌에는 다양한 생명이 야생의 모습으로
살아간다. 이곳 또한 새만금신공항 사업으로 인해 개발될 위기에
처해있다.

입하거나 서식지를 자연 그대로 복원하고 자연이 스스로의 힘으로 살 수 있도록 인간의 개입은 최소화하는 것이 특징입니다. 다양한 종이 함께 살수록 위기에 강하다는 사실은 여러 연구를 통해 이미 밝혀졌습니다. 재야생화를 통해 자연생태계를 회복할 수 있다면, 기후위기에 대응하기 위한 대안이 될 수 있습니다.

스스로 회복하는 자연

최근 한국에서도 재야생화 프로젝트 〈야생신탁〉이 진행되었습니다. 경기도 파주시 조리읍의 임야 1,351m²의 땅_{약 408평}을 자연에게 돌려주기 위해 1,492명의 시민들이 참여했습니다. 이 땅의 주인은 자연입니다. 오소리 같은 야생동물뿐만 아니라 새들과 벌레, 나무와 잡초 그리고 흙 속에 미생물까지. 자연이 있는 그대로의 모습으로 온전히 있을 수 있는 안식처입니다. 이 땅이 지켜진다면 인간이 많은 것을 하지 않아도 자연은 스스로 회복의 길을 찾을 것입니다.

개인이 실천할 수 있는 것은?

1. 도심 속 자연을 관찰 : 자투리땅, 벌어진 콘크리트 사이에서 자라는 생명체들을 살펴보기
2. 다품종소량생산 농산물 이용 : 토종쌀, 토종콩 등 다양한 품종의 농.임산물을 이용하기

함께 실천할 수 있는 것은?

1. 교회 자투리 화단 조성 : 나무 관복 초본이 어우러진 화단을 만들고 제초와 전지로 깔끔하게 만들어진 조경보다는 다양한 생명들이 움트도록 나뭇잎과 가지 더미를 그대로 '내버려' 두기
2. 환경활동 참여 : 습지탐사, 철새탐조 등 시민들이 참여할 수 있는 활동을 찾아 참여하기

관련 정책과 필요 정책은?

1. 습지보호정책 확대 : 생명다양성의 터전인 습지는 '개발'이 아니라 '보호'의 대상입니다. 국립공원 내 습지뿐 아니라 모든 습지를 적극 보호하는 정책 입안이 필요합니다.
2. 도심 속 생태공원 확대 : 무리한 가로수가지치기를 중단하고, 도심 속에서도 야생이 공존할 수 있도록 생태공원을 조성합시다.

<참고자료>

- 생명다양성재단 www.diversityinlife.org
- 서울환경운동연합 seoulkfem.or.kr
- 마인드풀가드너스 mindfulgardeners.kr
- KDI 경제교육정보센터 eiec.kdi.re.kr

홀연히 나타난 캐나다두루미

기후위기와 생명다양성

한겨울의 DMZ 조류조사는 의외성이 있어서 참 재미있습니다. 우리나라의 북위38도는 바람이 바뀌는 중간지대에 있어 오가는 길손을 다 받아들이는 번잡한 곳입니다. 남방계와 북방계가 만나는 점이지대 Transition zone 혹은 Ecotone 인 DMZ는 계절마다 다양한 생물들이 혼재하고 있는 특이성이 있습니다. <DMZ생태연구소>는 2004년부터 20년째 매주 시시각각 변하는 생명들의 움직임을 관찰해왔습니다.

연구자를 당혹하게 하다

오랜 시간을 공들여 바라본 DMZ는 한마디로 규정하기 쉽지 않지만 분명한 것은 예상한 일이 반드시 일어난다는 점입니다. 그런데 예상하지 못한 일이 최근에 자주 발생해 연구자들을 당혹하게 했습니다. '자연이 다 그러려니' 하면서 별거 아닌 듯 애써 안심하려 하지만 피조물들의 신음소리 로마서 8:19-22 가 커지니 생태통역사가 똑바로 통역해야 할 상황입니다.

예상하지 못한 일이란 그동안 보이지 않던 종들이 발견되고, 그 위치도 새롭고, 개체수도 예년과 다른 것입니다. 어떤 이는 멸종위기종이 많이 발견되면 생태가 좋아졌다고 오해하기도 하지만 일반적이지 않은 변화는 오히려 위기임을 알려주는 징표입니다. 멸종위기에 처한 두루미류의 경우 전국적으로 보아도 2014년부터 2020년까

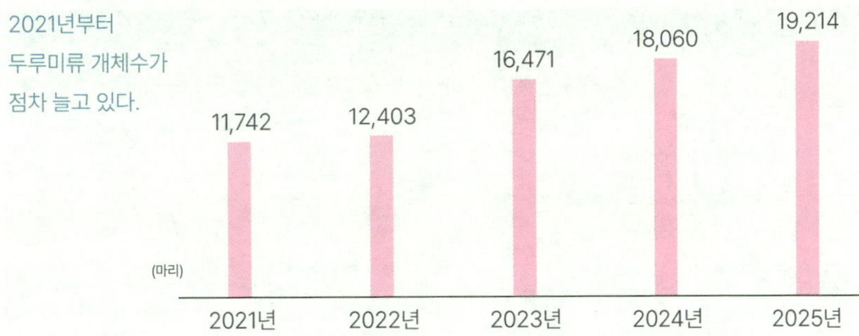

지는 관찰지역이 최대 15개 지역 정도였는데 5년 전부터 18~39개 지역에서 관찰되고, 개체수도 12,000여 마리에서 19,300여 마리로 가파르게 증가하여 짧은 기간에 2배 정도가 되었습니다.

서식지 환경이 좋아져서 이런 결과를 얻었으면 환영할 만한 일이나 현실은 이와 정반대입니다. 다른 생물보다 이동성이 강한 대형조류들의 급격한 변화는 지구에서 일어나고 있는 기후사건의 지표입니다.

길을 잃은 캐나다두루미

예년과 다르게 올해는 유난히도 길을 잃고 분포권이나 이동 경로 이외의 지역에서 나타나는 새인 '미조迷鳥'가 다수 발견되는 특이한 현상이 나타나고 있습니다. 특히 캐나다두루미Sandhill crane 숫자는 예년에 전국에서 발견된 숫자만큼 서부 DMZ에서 발견되고 전국적으로도 많이 증가하여 이상현상으로 해석됩니다. 캐나다두루미는 현존하는 조류 중에서 가장 오래된 화석을 가지고 있으며, 900만 년 전의 화석에서 현재의 캐나다두루미와 완전히 동일한 새가 기록되어 있습니다.

한국에 오는 캐나다두루미 아종은 시베리아 동북부, 알래스카, 캐나다 북부에서 번식하며 남아메리카에서 큰 무리를 이루어 월동합니다. 그런데 이들이 어쩌다가 한국에 불시착한 걸까요?

캐나다두루미는 번식지가 시베리아 북동부라서 늦
가을에 북동풍이 만들어지면 남아메리카로 이동합
니다.

상승기류가 형성되어야 이동할 수 있는 대형조류는
기류가 비정상적으로 형성되면 방향을 상실할 수 있
습니다. 길을 잃은 캐나다두루미는 재두루미들의 이
동이 시작할 때 이들 무리에 합류해 같이 따라 내려
오게 되는 것입니다.

급격한 기후변화가 이유다

이 현상은 어쩌다 우연히 일어난 사건이 아니며 이
들이 홀연히 나타났다는 것만으로도 급격한 변화가
시작됐다는 것을 증명합니다. 북극의 좁아지는 빙하
위에 위태롭게 있던 북극곰 이야기가 이젠 우리 앞

재두루미와
캐나다두루미(유난히 작은
두루미류가 캐나다 두루미
유조)

에 현실로 닥친 것입니다.

문제는 현대문명의 구조입니다. 에너지를 과도하게 사용해야 유지되는 삶과 문명, 에너지 순환과정의 붕괴, 생명공동체에 대한 오해, 교회의 창조질서 회복에 대한 둔감 등. 새로운 문명으로 빠르게 전환되지 않으면 심각한 위기에 처할 것이라는 예언자 같은 캐나다두루미의 출현에 대한 이야기를 아프고 두려운 마음으로 전합니다.

함께 실천할 수 있는 것은?

1. 생명공동체의 운명이 우리의 운명임을 알고 합리적인 소비하기 : 최소 소비, 나눔 소비, 재활용의 아름다움(빈티지 미학)
2. 기후위기대응을 위해 도시에서도 실천할 항목 선정하여 습관화하기(가능하면 걷기, 베란다 정원-탄소포집)
3. 비화석에너지원 적극 사용 혹은 제품 구매하기

관련 정책과 필요 정책은?

1. 멸종위기동식물의 서식지 원형유지, 복원
2. 화석에너지 기반의 기계구조 개혁(초기비용이 많이 들더라도 비화석에너지원 활용으로 경제성부여 정책수립 실천)
3. 도시기반 조성 시 건설기업의 이익과 편의 보장에 집중하는 정책을 포기하고, 생태법칙에 따른 도시구성의 과학적인 결론 수용

다 같은 하나님의 피조물

우리의 의식주 안에 연결된 동물들

뜨거워진 지구는 인간에게만 문제가 되는 것이 아닙니다. 땀샘이 없는 돼지는 원래 진흙 목욕으로 체온을 떨어뜨려야 하지만 한국에서는 돈사에 가두어 키우므로 돼지의 항문에 고무호스를 박아 찬물을 주입하거나 얼음을 집어넣습니다. 2020년에는 역대 최장기 장마로 물에 쓸려간 소들을 지붕 위에서 가까스로 구조했습니다.

이례적으로 추웠던 올 1월 말 가열된 난방시설로 화재가 발생해 단 2주 동안 전국에서 28만 마리의 가축들이 죽었습니다. 그러나 동시에 이 가축들은 기후위기의 원인 제공자들입니다. 전 세계 탄소 배출량의 15%가 축산업에 기인하기 때문입니다. (나머지 약 80%는 에너지 산업과 운송업입니다.) 톱니처럼 맞물려 있는 인간과 (비인간) 동물의 관계들을 자세히 살펴봄으로 모든 하나님의 피조물들이 정의롭게 공생할 수 있는 '자발적 불편함'에 대해 알아보도록 하겠습니다.

의_衣

밍크, 캐시미어, 앙고라, 구스는 옷의 이름이 아니라 동물들의 이름입니다. 밍크, 여우 등은 움직임이 없어야 털이 부드럽다는 이유로 $0.5m^3$ 정도의 좁은 우리 안에 갇혀 삽니다. 윤기 나는 모질을 얻기 위해 산 채로 가죽이 벗겨집니다. 패딩 한 벌에는 스무 마리의 거위나 오리의 털이 필요하여, 생후

10주부터 6주 마다 산 채로 털이 뽑혀 살점이 찢기고 피투성이가 되기를 반복합니다. 소와 악어의 피부로는 핸드백, 지갑, 부츠를 만듭니다. 척수를 내리쳐도 죽지 않는 악어는 결국 산 채로 가죽이 발라집니다. 핸드백을 만들기 위해서는 악어 서너 마리가, 재킷 한 벌을 만들기 위해서는 악어 여섯 마리가 필요합니다.

우리가 약을 복용하거나 화장품, 세제류를 쓸 수 있는 이유는 검증을 거쳤기 때문입니다. 어느 이상을 바르거나 먹으면 부작용이 생긴다는 걸 알 수 있는 이유는 쥐, 돼지, 개, 원숭이 등이 독성 시험을 당했기 때문입니다. 대중에게 잘 알려진 시험으로는 눈물을 흘리지 않는 토끼의 눈에 마스카라나 샴푸를 넣는 것입니다. 그러나 최근에는 컴퓨터의 화학 독성 예측 정확도가 87%로 동물실험의 81%보다 높게 나왔습니다. 그 외에도 줄기세포, 장기칩, 오가노이드 등 동물실험을 대체할 연구들이 발전하고 있습니다. 유럽연합(EU)은 올 7월부터 백신 등 의약품의 안전성을 검사할 때는 살아있는 토끼가 아닌 '대체시험법'을 활용해야만 합니다.

식_食

지구상의 포유류 중 58%는 가축이며 36%는 인간입니다. 이 둘을 합치면 94%나 되지만 야생 포유류는 6%에 불과합니다. 인간이 먹을 가축들의 사료콩, 옥수수를 재배하기 위해 1초마다 미식축구장 크기의 아마존 숲이 사라집니다. 소고기 1kg을 생산하려면 1.8L 페트병 8,611개의 물이 듭니다. 그러나 지구 한쪽에서는 물과 곡식이 없어 어린이들이 죽습니다. 1년간 고기를 먹지 않으면 10년간 플라스틱을 한 개도 쓰지 않은 효과를 가져옵니다. 육식을 줄이고 채식을 지향하는 일은 개인이 할 수 있는 매우 가성비 높은 '자발적 불편함'입니다.

주_住

인간의 서식지가 동물의 서식지를 침해하고 있습니다. 산을 깎아 과수원이나 집, 밭을 만들어 놓고 원주민인 고라니를 유해 동물로 지정합니다. 산의 허리를 잘라 터널을 뚫어 오가던 동물들이 길을 잃습니다. 철새 도래지인 갯벌을 메워 공항을 짓자, 사람도 새도 갯벌 속 생명들도 모두 위태롭습니다.

이렇게 동물들은 얽히고설켜 인간의 의식주 안에 깊이 자리하고 있습니다. 일상의 삶에서부터 서로를 인식하며 '자발적 불편 레시피'를 실천하는 일은 우리와, 같은 하나님의 피조물이 공생하는 첫걸음입니다.

✔ **개인이 실천할 수 있는 것은?** ● 1. 채식 지향하기

2. 동물실험 제품 지양하기

3. 동물의 피부와 털로 만든 것 입고/쓰지 않기

4. 동물쇼, 동물원 지양하기

✔ **함께 실천할 수 있는 것은?** ● 1. 의식주의 선택과 폐기에 있어 항상 동료 피조물들 기억하기

2. 인간의 유희를 위해 고통당하는 동물 기억하기

✔ **관련 정책과 필요 정책은?** ● 1. 채소보다 고기가 싼 이유인 '축산발전기금' 지원 정책에 반대

2. 국회에 계류 중인 '동물대체시험법의 개발 보급 및 이용 촉진에 관한 법률안' 통과

<참고자료>

- 『존 로빈스의 음식혁명』, 존 로빈스 지음, 시공사 펴냄
- 동물해방물결 https://donghaemul.com/
- '기후위기 최전선에 있는 동물들', 펭귄뉴스, 2024.10.22
- '지구는 '인간과 가축'의 땅…인류 무게, 육상 포유류 전체의 20배', 한겨레, 2023.2.28
- '쇠고기 1kg의 '물발자국'은 얼마일까', 한겨레, 2019.10.20
- '살려고 오른 세상 꼭대기…'지붕 위 그 소'는 어떻게 됐을까', 한겨레, 2020.11.14
- "동물실험 대체하는 컴퓨터, 화학독성 예측 정확도 더 높아", 한겨레, 2019.10.19

무한 소비와 넘쳐나는 쓰레기

제로 웨이스트

죽음을 부르는 편리함

몇 번의 터치로 음식이 배달되고, 오늘 주문한 물건이 내일 아침 문 앞에 배송되는 세상에 살고 있습니다. 값도 저렴하고, 교환도 쉽습니다. 휴대폰에는 취향에 맞는 온갖 신상이 눈길을 붙잡습니다. 눈 깜짝할 새에 결제 버튼을 터치하고 있는 자신을 발견하곤 합니다. 이렇듯 소비가 쉬워진 세상의 이면에는 넘쳐나는 쓰레기와 착취의 구조가 자리하고 있습니다.

비닐, 스티로폼박스 등의 플라스틱도 잠시의 포장재로, 일회용으로 소비되고 있습니다. 플라스틱의 주원료는 석유입니다. 채굴부터 정제, 가공, 폐기에 이르기까지 엄청난 양의 이산화탄소를 배출합니다. 우리나라는 세계 4위의 플라스틱 생산국입니다. 이 작은 땅에서 플라스틱의 무한 소비가 진행되고 있는 것입니다. 그 결과는 참혹합니다. 우리나라 국민 1인당 플라스틱 폐기물은 90.5kg 정도이며, 이는 OECD 회원국 중 2위에 해당하는 규모입니다.

소비 습관의 변화부터

버려지는 막대한 양의 쓰레기에서 자유롭기 위해서는 '결단'이 필요합니다. 우선 소비에 대한 습관을 변화시켜야 합니다. 꼭 필요한 것이 아니면 구입하

지 말고, 가급적 오프라인 매장을 이용합니다. 배송은 불필요한 포장재를 남기고, 노동력의 착취 구조를 심화시킵니다. 온라인 구매가 시간을 절약해 주는 것 같지만, 물건을 찾고 비교하며 보내는 시간이 만만치 않습니다. 온라인의 장점도 있습니다. 불특정 다수와 '연결'이 이루어지는 경우입니다. 온라인 공유장터^{당근마켓}를 이용해 '다시 쓰기'를 실천할 수 있습니다. 불필요해진 물건을 공유하고, 새롭게 필요한 것은 나눔받거나 중고로 구입합니다. 소속된 공동체 내에서 공유플랫폼을 만들어 보는 것도 좋은 방법입니다. 요즘 환경 문제에 관심이 많은 청년이 '옷장 교환'을 실천한다고 합니다. 친구들을 초대해 잘 안 입는 옷을 가져갈 수 있도록 옷장을 여는 것이죠.

재활용은 제대로

플라스틱 컵 등 일회용기 사용을 최대한 절제하려는 노력이 필요합니

다. 텀블러를 상시 휴대하는 정도의 실
천은 기후위기 시대를 살아가는 시민
의 상식이 되었습니다. 다만, 어쩔 수
없이 일회용품을 사용해야 하는 경우
도 있습니다. 그럴 때는 재활용이 제대
로 되어야 합니다. 먹고 난 흔적을 깨
끗이 세척해 라벨을 떼어낸 후 분리배
출 합니다. 재활용 종류를 구분해 배출
하는 것도 좋은 방법입니다. 특히 알루
미늄 제품은 무한 재활용이 가능합니
다. 다만 오염된 채 내놓거나 제대로
분리배출 하지 않아서 문제입니다. 재
활용을 위해 폐기물을 다시 수입하기
도 한다니, 제대로 된 분리배출에 조금
더 신경 써야겠습니다.

구조적 변화를 위해

산업구조의 변화 없이 작은 실천만으
로는 분명 한계가 있습니다. 하지만 소
비자가 그 변화를 이끄는 주체이기도
합니다. 소비자의 실천과 요구가 생산
자에 영향을 미칠 수 있습니다. 편리함
보다는 윤리적인 것을 우선 선택합니
다. 플라스틱 과대포장에 항의하고 무
포장 판매대를 늘리도록 요구할 수 있
습니다.

나아가 제도적 변화를 기업, 정부, 정
치권에 요구하거나 이를 감시할 수도
있습니다. 혹은 제로웨이스트 운동을
하는 단체를 후원하거나 회원이 되어
함께 활동하는 것도 방법입니다.

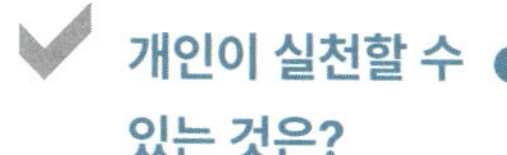

개인이 실천할 수 있는 것은?

1. 인터넷 쇼핑을 줄이고 제로웨이스트 상점이나 동네상점 이용하기
2. 다회용기 휴대하고 일회용기 거절하기
3. 플라스틱 대체품 이용하기 : 폐목재로 만든 CXP, 내구성이 좋은 유리, 실리콘 등

함께 실천할 수 있는 것은?

1. 서로 격려하고 함께 실천할 수 있는 작은 공동체 조직하거나 소속되기
2. 필요한 물건은 서로 교환하고 공유하기
3. 환경단체에 가입하여 감시활동에 동참하기

관련 정책과 필요 정책은?

1. 플라스틱 생산감축 목표를 담은 국제 협약과 이를 뒷받침할 국내법
2. 플라스틱세 도입 : 플라스틱 생산부터 폐기까지 발생하는 오염을 수치화해 플라스틱세 도입
3. 재활용이 용이하지 않은 품목에 대해서는 제조 및 유통 전반을 금지

<참고자료>
- '플라스틱 생산 감축 의지 어디 갔나?', 녹색연합 보도자료
- '플라스틱 폐기물만 한 해 1300만 톤… 근데 일회용품 규제는 계속 유예?', 스프, 2024.10.24
- '인당 플라스틱 배출량 2위인 한국, 그럼 1위는?… '플라스틱세' 매기는 나라도 있다', 스프, 2024.10.25

녹색연합 보도자료

수리할 수 없는 세상을 수리하자

수리할 권리, 수리권

물건이 고장나 수리하려고 할 때, 이런 경험 한 번쯤 있지 않나요? "해당 부품이 없어 수리가 불가능하다"고 하거나, 품질보증기간이 지났다는 이유로 터무니없는 수리비를 청구받았던 적 말입니다. 때론 새 제품을 구매하는 것이 더 낫다는 말에 불필요한 지출을 했거나, 서비스센터가 너무 멀어 수리를 포기했던 경험도 있었을 거예요. 더 나아가, 분해가 어렵게 설계되어 사실상 수리가 불가능한 제품으로 막막함을 느꼈던 순간도 떠오릅니다.

이렇듯, 많은 사람이 고장난 물건을 손보는 대신 새 제품으로 교체하는 일을 반복하고 있습니다. 그 배경에는 편의성 추구도 있지만, 제조사가 수리에 필요한 부품·매뉴얼·기술 정보를 독점하거나, 소비자에게 합리적 선택지를 제공하지 않는 구조적 문제가 있죠. 그 결과, 낭비되는 비용과 자원은 물론이고, 소비자의 권리도 제대로 보호받지 못한 채 사용 기간이 짧은 제품을 반복 구매하는 악순환이 이어집니다.

수리권이란?

이런 상황을 바로잡고, 소비자가 주체적으로 자신의 물건을 관리·수리할 수 있도록 보장하고자 등장한 개념이 '수리권 Right to Repair'입니다. 수리권이란, 소비자가 구입한 제품을 직접 혹은 원하는 업체를 통해 자유롭게 수리할 수 있는 권리를 말합니다. 물건을 수리할지

프랑스 수리지수. 제품의 수리 용이성을 10점 만점으로 표기하여, 소비자에게 제품 선택 시 유용한 정보를 제공한다. 출처 : 프랑스 생태전환부

새로운 물건을 구입할지를 스스로 결정할 수 있는 권리인 거죠. 고장 난 제품을 어떻게, 누구를 통해, 어떤 비용으로 고칠지 소비자 스스로 결정할 수 있게 하여, 불필요한 폐기와 자원 낭비를 줄이는 데 중요한 역할을 합니다.

수리권의 필요성

수리권은 제조사의 독점적 수리 정책으로 인해 소비자가 공식 서비스센터를 이용하면서 부담하던 높은 비용을 낮추고, 제품 수명을 연장하여 자원 낭비와 환경오염을 줄여주는 제도적 장치입니다. 이 권리가 보장되면, 소비자는 원하는 수리 업체를 폭넓게 선택해 경제적 효율성을 높일 수 있으며, 폐

기물 발생을 줄여 환경 부담도 줄일 수 있습니다.

또한, 수리권은 지역사회에서 소규모 수리 사업을 활성화해 지역 경제에 긍정적인 영향을 주며, 소비자가 스스로 수리 기술을 익히도록 장려해 개인의 역량과 자신감을 키웁니다. 이를 통해 지역 주민 간 협력과 연대가 강화되어 사회적 유대감 형성에도 기여합니다.

국내외 상황

해외의 경우 미국과 유럽에서 수리권 운동이 활발하게 전개되고 있습니다. 미국에서는 "Right to Repair" 법안이 여러 주에서 발의되어 일부 지역에서 이미 시행되고 있으며, 유럽연합은

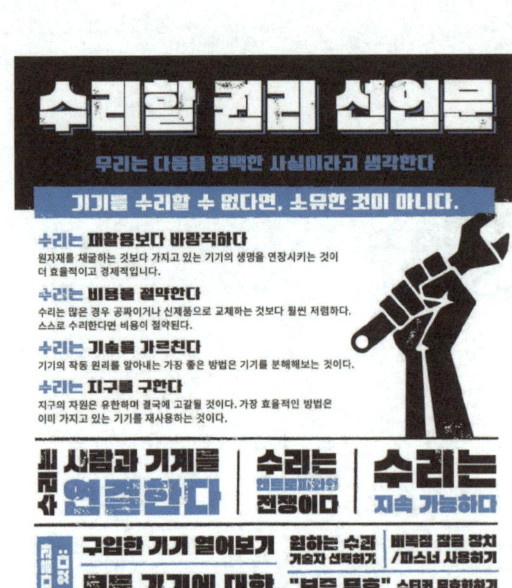

수리권 선언문. iFixit에서 제작한 'Self-Repair Manifesto' 포스터이다. iFixit은 전 세계적으로 자가 수리 문화를 촉진하기 위해 이 포스터를 다양한 언어로 배포하고 있다. 출처 : iFixit 홈페이지

수리할 수 없는 세상을 수리하자!

우리나라에서도 수리권을 위한 제도적 기반 마련이 시급합니다. 우선 소비자의 수리권을 명확하게 보장하는 법적 규정과 제조사가 수리에 필요한 부품 및 매뉴얼을 공개하도록 강제하는 조치가 필요합니다. 또한, 수리 친화적 설계를 장려하고, 소비자와 수리 기술자를 위한 교육 프로그램을 확대하는 등 다양한 지원 방안을 함께 추진해야 합니다.

제품 설계 단계에서부터 수리 가능성을 고려하도록 하는 정책을 마련했습니다. 특히 프랑스는 '수리 용이성 지수$_{Repairability Index}$' 제도를 도입해 소비자에게 제품의 수리 용이성에 대한 정보를 제공하고 있습니다.

우리가 만들어가야 할 것은, 누구나 제품을 '수리'하고, 오래된 것에도 가치를 부여하며, 적절한 비용과 합리적인 서비스를 받을 권리를 당연하게 보장받는 사회입니다. 고치고 싶어도 고칠 수 없는 세상을 이제 고쳐 봅시다!

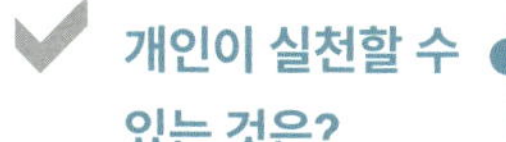

개인이 실천할 수 있는 것은? ●

1. 제품 구매 시 수리 용이성 확인하기 : 수리가 쉬운 구조인지, 부품 교체나 분해가 용이한지 확인
2. 간단한 수리 시도하기 : 보증기간이 지났거나 비교적 간단한 고장인 경우 스스로 수리에 도전
3. 지역 업체 이용하기 : 공식 서비스센터 외에 지역 수리업체나 소규모 전문가에게 의뢰하고, 복잡하거나 위험요소 있으면 전문 수리업체 활용

함께 실천할 수 있는 것은? ●

1. 수리권 보장 캠페인, 청원 참여하기 : 수리권 법제화나 제도 마련을 촉구하는 캠페인/서명 운동
2. 수리 카페·공유 공방 참여 및 운영하기 : 수리 카페나 공유 공방에서 일상생활기술을 배우고, 지역사회 내 자발적인 모임 만들어 참여

관련 정책과 필요 정책은? ●

1. '순환경제사회촉진법'에 수리권 관련 구체적 내용 보완 및 강화
2. 수리 카페·공유 공방에 대한 정부·지자체 지원, 세제·금융 혜택, 수리기술 교육 프로그램 확대

<참고자료>
- 『리페어 컬쳐』, 볼트강 M. 헤클 지음, 양철북 펴냄
- iFixit, Right to Repair 정책 관련 정보 https://www.ifixit.com
- 『순환경제 시대, 지속가능 제품 설계와 소비자 수리권 보장 포럼 자료집』, 국회입법조사처, 한국소비자원, 한국환경연구원(2022)

수리권 보장 자료집

음쓰의 배신

땅과 물을 오염시키는 음식물쓰레기 퇴비

주문한 식사를 거의 다 먹었는데 김치가 똑 떨어졌습니다. 아쉬운 마음에 사장님께 맛있는 김치를 조금만 더 달라고 요청합니다. 그런데 후한 인심 덕인지 그릇에 가득 담아주십니다.

따뜻한 마음이 감사해 남기면 안 될 것 같지만, 짠 음식을 줄이라는 건강검진 결과가 떠올라 절반 이상 남기고 일어납니다. 계산하러 가며 보니 다른 테이블도 여기저기 반찬과 밥이 많이 남아 있습니다.

제가 남긴 김치는, 사람들이 남긴 음식물쓰레기는 소랑 돼지가 잘 먹는 사료로, 농작물이 잘 자라도록 돕는 비료로 알뜰히 처리되고 있다고 하는데 과연 그러한가요?

음식물쓰레기도 종량제

1995년 생활폐기물의 종량제가 시작됐습니다. 이때 재활용품이 매립지로 가지 않으면서 매립하는 쓰레기 중 음식물쓰레기의 비율이 높아졌습니다. 그리고 이로 인해 매립장 주변의 악취와 침출수 문제가 불거지게 됩니다. 결국 정부는 음식물쓰레기 종량제를 2000년부터 순차적으로 시작했고, 2013년부터는 전국적으로 확대 시행했습니다.

음식물쓰레기 종량제 유형에는 전용 봉투를 구입해 사용하거나, 칩이나 스티커를 활용하는 방식, 그리고 가구별로 카드를 이용해 버린 만큼 요금을 내는 세대별 종량제RFID가 있습니다.

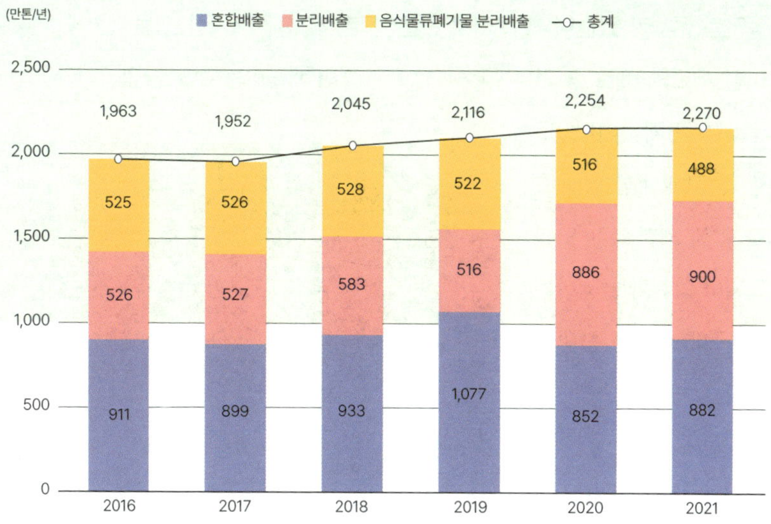

2016~2021년 생활계폐기물 발생 추이 출처 : 환경부 자원순환마루 홈페이지

음식물쓰레기 처리

음식물쓰레기는 전체 생활쓰레기 중 약 29%를 차지합니다. 그중 70%는 가정과 소형 음식점에서 발행하며, 이 외에도 대형음식점, 집단 급식소, 유통 단계 등에서 생겨납니다. 2021년 기준 국내 음식물쓰레기 하루 배출량은 13,400여 톤이고, 1년에는 무려 488만 톤이 배출됩니다. 이중 대부분이 퇴비나 사료로 재활용됩니다.

그러나 음식물쓰레기는 처리비용이 높고 처리할 때 온실가스도 많이 배출됩니다. 음식물쓰레기의 연간 처리비용은 1조 960억 원에 달하고, 온실가스 배출량은 886만 톤이며, 이는 소나무 18억 그루에 해당하는 양입니다.

더불어 비료화되는 음식물쓰레기는 긴 부숙 기간이 필요하고 염류 함량이 높다는 문제가 있습니다. 그래서 만들어진 사료와 비료 중 겨우 12.4%^{2020년 기준}만 판매됩니다. 또한, 농지에 매립된 비료로 인해 지하수가 오염되거나 악취가 발생하는 등 문제가 많은 상황입니다.

음식물쓰레기 줄이기

모든 음식물쓰레기가 재활용되지 않고, 오히려 환경을 오염시키는 상황에서 결국 해답은 하나, 음식물쓰레기 배출을 줄이는 것입니다. 음식물 구입과 소비를 적절하게 하고 발생한 음식물은 기한 내에 모두 먹도록 해야 합니다. 냉장고 크기를 가족 구성원 수에 맞게 조절해 줄이고, 필요에 따라 음식물처리기를 이용해 폐기하는 음식물의 부피를 줄여 배출하는 것도 방법입니다.

 **개인이 실천할 수 있는 것은?**

- 1. 필요한 만큼 사고, 먹을 만큼 요리하기
- 2. 집에 있는 식재료로 요리하기
- 3. 간소하게 식탁 차리기
- 4. 음식물쓰레기에 이물질 섞지 않기
- 5. 재료마다 적절한 방법으로 소분 보관하기
- 6. 식당에서는 먹을 만큼만 주문하기

 **함께 실천할 수 있는 것은?**

- 1. 먹을 만큼 식사 준비하기
- 2. 잔반 안 남기기 인식 공유하기

 **관련 정책과 필요 정책은?**

- 1. 음식물쓰레기 종량제(RFID) 도입 확대 - 감량효과 36%
- 2. 생산자가 남은 음식 상품을 손쉽게 처분하지 못하도록 제한
- 3. 소량 판매하는 음식 상품의 가격이 지나치게 높지 않도록 제한
- 4. 포장되지 않은 식자재의 낱개 구입이 가능한 지역상권 보호

<참고자료>

- RFID 음식물쓰레기 관리 시스템 www.citywaste.or.kr
- '이렇게나 많이 버려진다고? 음식물 쓰레기 처리과정', 한국환경공단 블로그
- '10년새 1인당 식품 폐기물 20%↑·처리비용 연 1조···환경 '발목'', 연합뉴스, 2021.12.22

환경공단 블로그

분리수거를 위한 분리배출

복잡한 분리배출 도대체 어떻게?

분리수거? 분리배출!

한국은 1991년 쓰레기 '분리수거'를 의무화했고, 1995년 쓰레기 종량제 정책을 실시하며 '분리배출' 제도를 시행했습니다.

흔히 쉽게 혼용하여 사용하지만 정책명에도 차이가 있듯 분리수거와 분리배출은 엄연히 다른 뜻입니다. 분리수거의 사전적 의미는 '종류별로 나누어서 버린 쓰레기 따위를 거두어 감'이며, 지자체별 수거업체가 이를 담당합니다. 따라서 일반 시민들이 할 수 있는 실천은 '분리배출'에 가깝습니다. 분리배출은 말 그대로 '쓰레기 따위를 종류별로 나누어서 버림'을 의미합니다.

분리배출의 어려움

분리배출 방법은 시간이 흐르며 여러 차례 변했고, 수거 시스템에 따라 지역별로 조금씩 차이가 있습니다. 이 때문에 많은 분들이 정확한 분리배출 방법을 어려워합니다. 원활한 재활용을 위해 페트병을 원형 그대로 버리라는 정보와, 쓰레기 부피를 줄이기 위해 페트병을 구겨서 버리라는 공고를 동시에 접하는 경우도 있습니다.

구조적인 문제도 분리배출의 효능감을 저해하는 요소 중 하나입니다. 한국은 분리배출 재활용률 약 70%를 달성한 모범적인 국가로 꼽히지만, 이는 소각 시 발생하는 열을 에너지화한 '에너지 회수'가 포함된 수치입니다. 소각

방법은 온실가스 배출 등 또 다른 기후 문제를 일으키기 때문에 온전한 재활용 방법이라 보기 어렵습니다. 해당 수치를 제외하면 우리나라 플라스틱 재활용 비율은 10%대로 현저히 낮아집니다.

개인과 사회의 노력

궁극적으로 쓰레기를 발생시키지 않는 것이 최선이지만, 일상을 살아가며 쓰레기를 전혀 발생시키지 않는 것은 불가능에 가깝습니다. 따라서 분리배출을 통한 쓰레기 관리를 멈출 수 없습니다. 개인 차원과 사회적 차원의 노력을 동시에 지속해야 합니다.

먼저 본인이 거주하는 지자체별 환경관리팀, 자원순환팀 등이 만들어 놓은 홍보물을 참고하는 것이 가장 정확합니다. 이것이 복잡하다면, '내 손안의 분리배출' 앱을 추천합니다. 이 앱은 종이, 금속 캔, 유리병, 플라스틱, 비닐, 건전지 등 생활 쓰레기의 분리배출 방법을 직관적으로 보여줍니다. 만약 내가 버리고자 하는 쓰레기가 항목에 없다면 Q&A에 바로 문의를 남기고 답변을 받아볼 수도 있습니다.

다음으로 사회적 차원의 노력이 필요합니다. 갈수록 다채로워지는 페트병, 유리병 디자인만 통일시켜도 소각을 통하지 않은 재활용률을 현저히 높일 수 있습니다. 규제를 통해 플라스틱 용기 생산을 제한할 수도 있습니다. '일회용 컵 보증금제'와 같은 제도의 적극적인 시행도 꼭 필요한 때입니다.

지속적 관심과 조직된 힘

우리는 분리배출이 최종 목적이 아닌, 최소한의 노력이라는 사실을 잊지 말아야 합니다. 분리배출은 무분별한 쓰레기 배출에 속박된 이들이 지켜야 하는 가장 작은 실천인 것입니다. 나아가 사회 구조 개선을 위한 지속적인 관심과, 조직된 시민의 힘을 발휘해야 합니다. 개인과 공동체의 지속적인 실천과 관심이 사회를 변화시킬 수 있습니다.

✔ **개인이 실천할 수 있는 것은?** ● 1. 소비를 줄여 쓰레기 발생 감소시키기

2. 정확한 방법으로 분리배출하기(어플 '내 손안의 분리배출' 참조)

✔ **함께 실천할 수 있는 것은?** ● 1. 공동체 모임 배달 주문 시 다회용기 업체 이용하기

2. 플로깅을 통한 길거리 쓰레기 수거 및 분리배출 실천하기

✔ **관련 정책과 필요 정책은?** ● 1. 플라스틱 규제 정책 전면 재시행

2. 플라스틱, 유리병 등 일회용품 생산 기업 디자인 규제 및 통일

<참고자료>
- '플라스틱 재활용 고작 16.4%…분리배출은 뭐하러 했나', 한겨레, 2024.9.30
- '플라스틱 없이 살아보기', EBS [다큐 시선]
- '일회용 컵 보증금제' 유예와 그리스도인의 역할' 기윤실 <좋은나무>
  https://cemk.org/26634/
- 어플 '내 손안의 분리배출'

EBS 다큐 시선

플라스틱과 작별하기

플라스틱 프리

점심시간, 길거리를 걷다 보면 수많은 사람의 손에 일회용 플라스틱 컵이 들려있습니다. 우리나라는 1인당 연간 플라스틱 소비량이 98.2kg으로 세계 최고 수준이며, 우리의 일상은 플라스틱과 깊이 연결되어 있습니다. 음식 포장부터 기술 부품, 가정용품에 이르기까지 플라스틱 없는 삶을 상상하기 어려울 정도입니다. 하지만 이런 편리함의 이면에는 심각한 대가가 따르고 있습니다.

만들어진 플라스틱은 자연 분해되는 데 최소 500년 이상이 걸리며, 완전히 분해되지 않고 미세 플라스틱으로 남아 생태계를 위협합니다.

무심코 버린 플라스틱이 바다로 흘러 들어가 해양생물은 물론 하늘의 새와 육지의 코끼리에 이르기까지 생명을 위협하고 있습니다. 더욱 충격적인 것은 우리가 매주 신용카드 1장 분량^{약 5g}의 미세 플라스틱을 섭취하고 있다는 사실입니다.

플라스틱의 불편한 진실

1950년대부터 본격적으로 생산된 플라스틱은 2019년에 연간 4억 6천만 톤까지 생산량이 증가했습니다. 한 번

건강과 환경을 위협하는 플라스틱

플라스틱은 환경 오염을 넘어 우리의 건강을 직접적으로 위협합니다. 미세 플라스틱은 세포 손상을 일으켜 염증

과 알레르기를 유발하고, 비만, 장기 이상, 아동 발달 지연 등 다양한 건강 문제를 일으킵니다. 더욱이 플라스틱 제조 과정에서 발생하는 온실가스는 기후 변화를 가속화하고 있습니다.

플라스틱 없는 하루 시작하기

플라스틱 사용을 줄이는 것은 생각보다 쉽습니다. 매일 아침 텀블러와 장바구니를 챙기는 것으로 시작할 수 있습니다.

장을 볼 때는 플라스틱 포장이 적은 제품을 골라 담고, 채소와 과일은 비닐봉지 대신 장바구니나 그물망을 사용합니다. 생활용품은 세제나 샴푸 같은 제품의 리필 스테이션을 이용하면 플라스틱 용기 사용을 크게 줄일 수 있습니다.

함께 만드는 변화

플라스틱 문제 해결을 위해서는 개인의 실천을 넘어 사회 전체의 근본적인 변화가 필요합니다. 재활용만으로는 부족합니다. 현재 우리나라에서 재활용되는 비율은 30% 미만에 그치고 있으며, 나머지는 매립되거나 소각되어 환경오염을 일으키고 있습니다. 우리는 소비자로서 불필요한 포장재가 적은 제품을 선택하고, 기업에게 플라스틱 사용 감축을 적극적으로 요구해야 합니다. 당장은 불편할 수 있지만, 우리와 지구의 건강한 미래를 위해 꼭 필요한 변화입니다. 이러한 작은 실천들이 모여 큰 변화를 만들 수 있다는 믿음으로, 오늘부터 한 걸음씩 플라스틱 없는 지속가능한 사회를 함께 만들어 가보는 건 어떨까요?

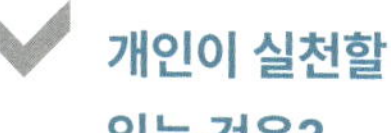 **개인이 실천할 수 있는 것은?** ●
1. 개인 텀블러와 다회용기 활용하기

2. 장바구니와 그물망으로 장보기

3. 포장이 최소화된 제품 우선 선택하기

4. 리필스테이션 적극 이용하기

 **함께 실천할 수 있는 것은?** ●
1. 지역 제로웨이스트 가게 이용하고 알리기

2. 플라스틱 분리배출 교육하고 수거 활동하기

3. 상인회와 협력해 '플라스틱 프리 상가 거리' 조성 운동 추진하기

 **관련 정책과 필요 정책은?** ●
1. 생산자책임재활용제도(EPR) 강화 - 기업의 플라스틱 사용량 감축 의무화

2. 다회용기 인센티브제 도입 - 사용 소비자 혜택

3. 플라스틱 제품의 실제 재활용률 공개 의무화

4. 친환경 대체 소재 연구개발 지원 확대 - 친환경 포장재 전환 촉진

<참고자료>

- 플라스틱 프리 및 자원순환의 장소들 https://pfree.me/maps/
- 생산자책임재활용제도(EPR)
- 재활용 너머 프리사이클링 https://blog.naver.com/ecochrist/223856718622
- 바다를 살리는 청소부를 위한 가이드 https://blog.naver.com/ecochrist/223202862273
- 플라스틱 감축 40일 생활영성 훈련(전자책) https://eco-christ.tistory.com/2161

생산자책임재활용제도

탄소 뱉는 하마, 비행기

플뤼그 스캄

비행기와 이산화탄소

'드르륵' 캐리어를 끌고 공항에 도착하면 마음이 떨립니다. 여기저기 비행기 표를 손에 들고 목적지로 향하는 들뜬 발걸음들이 보입니다. 지친 현실에서 이륙해 낯선 곳에서 착륙할 생각을 하면 설렐 수밖에 없습니다. 창밖을 보면 수많은 비행기가 게이트마다 승객과 짐을 나르고 있습니다. 그러다 문득 이런 생각이 듭니다. 비행기는 얼마나 많은 기름을 사용하고 이산화탄소를 배출할까?

항공권 가격비교를 하다 보면 항공편마다 이산화탄소 배출 정보가 나옵니다. 어떤 항공편은 평균보다 200%를 더 많이 배출하고, 다른 항공사는 평균보다 11%가 적다는 식입니다. 비행연료 소비량과 일정, 기종 등을 바탕으로 계산된다는 설명이 덧붙습니다. 아마도 많은 사람이 이산화탄소 배출이 적은 항공편을 이용하려고 하기에 이러한 정보를 공개했을 것입니다.

플뤼그 스캄, 전 세계의 움직임

1km를 갈 때 비행기는 기차의 20배가 넘는 이산화탄소를 배출합니다. 항공기 운항은 전 세계 이산화탄소 배출량의 2~3%를 차지하며 앞으로 20년간 탄소배출량은 3배 이상 급증할 것으로 예상하고 있습니다. 그래서 기후위기 시대에 비행기 이용은 심적 부담이 되고, 이런 마음에서 출발한 운동이

기차에는 150명의 승객이, 비행기에는 88명이 타고 있다는 가정하에, 승객 한 명이 기차 여행으로 1km을 이동할 때마다 14g의 이산화탄소가 나오는 반면 비행기 여행은 1km당 285g을 배출합니다.

'플뤼그 스캄Flygskam'입니다. 플뤼그 스캄은 '비행기'와 '부끄러움'의 합성어로, 비행기 이용을 줄이자는 운동이며 유럽을 중심으로 확산되고 있습니다. 스웨덴의 기후환경운동가 그레타 툰베리Greta Thunberg는 플뤼그 스캄의 일환으로 뉴욕에서 열린 UN기후행동 정상회의에 참석하기 위해 비행기 대신 요트로 대서양을 횡단을 하기도 했습니다. 프랑스에서는 기차로 2시간 30분이 걸리지 않는 거리는 국내선 항공편의 운행을 중단했고, 이외에도 여러 나라가 항공사에 환경세 부과를 준비하고 있습니다.

플뤼그 스캄에 동참

그러나 유럽과 달리 육로로 국경 이동이 불가능한 한국에서는 비행기를 아예 타지 않는 것이 쉽지 않습니다. 큰 결심과 엄청나게 여유로운 시간이 있지 않은 이상 불가능합니다. 그렇다면 어떻게 플뤼그 스캄에 동참할 수 있을까요?

일단 국내여행을 할 때 기차와 같은 지상 교통을 이용할 수 있습니다. 만약 해외여행을 자주 한다면 횟수를 줄이는 것이 필요하고 비행기 이용 시 짐을 가볍게 하는 등의 실천이 가능합니다. 탄소배출이 적은 항공편을 선택해 이용하는 것도 좋은 방법입니다. 이외에도 현지에서 텀블러나 장바구니를 활용하고 음식을 포장하는 등 편리를 양보하는 여행을 실천할 수 있습니다.

개인뿐 아니라 기업들도 탄소배출에 대해 경각심을 가지고 경영 전략을 수정하고 있습니다. 지속가능한 항공연료Sustainable Aviation Fuel, SAF를 도입하거나 최신 비행기를 활용해 탄소배출을 줄이는 식입니다. SAF는 아직 기존 항공유보다 2~5배 비싸지만 원료수급부터 소비까지 전 단계에서 탄소 배출량을 80%까지 줄일 수 있습니다.

정책의 뒷받침도 중요합니다. 국제사회가 탄소규제를 강화하고 있고 국제항공운송협회는 2050년까지 탄소 순 배출량을 제로로 만들겠다는 결의안을 통과시켰습니다. 비행기를 자주 이용하는 빈도에 따라 항공료를 책정하는 방법 등도 가능합니다.

개인이 실천할 수 있는 것은?

1. 국내 여행은 기차를 이용하기
2. 해외여행 횟수를 줄이고 저탄소 항공편을 이용하기
3. 비행기 이용 시 짐을 가볍게 하기
4. 플뤼그 스캄 사례를 찾아보기

함께 실천할 수 있는 것은?

1. 수련회나 엠티를 가까운 곳으로 가고 대중교통을 활용하기

관련 정책과 필요 정책은?

1. 지속가능한 항공연료 사용을 장려
2. 비행사의 탄소규제를 강화
3. 비행기 이용 횟수가 많을수록 항공료를 많이 부과

<참고자료>
- '항공업계도 탄소 '제로' 절감에 동참', 쿠키뉴스, 2022.2.19
- '"비행기 타기가 창피해"… 유럽 항공업계 고민에 빠졌다, 대체 무슨 일이?', Weekly Biz, 2019.11.22
- '비행기 안 타야 환경적? '플뤼그 스캄' 아시나요', 그린포스트, 2021.10.8

소유보다 공유

함께 나누고 연결되는 세상, 공유 경제

킥세권, 쏘세권

MZ세대를 중심으로 '킥세권', '쏘세권'이란 신조어가 유행했습니다. 이는 킥보드 또는 쏘카와 역세권의 합성어로 해당 공유서비스 업체의 서비스가 가능한 지역을 말합니다. 최근에 전동 킥보드를 비롯해 자전거와 자동차와 같은 교통수단을 여러 사람이 공유하는 서비스인 공유 모빌리티 시장이 빠르게 성장하면서 비싼 자동차를 구매하는 대신 공유 수단을 활용하는 이용자들이 늘고 있습니다. 이외에도 숙박 공유 플랫폼이나 사무 공간을 임대해 주는 공유오피스, 공유주방과 중고거래, 재능 공유 등 다양한 분야에서 공유서비스를 도입하고 있습니다.

공유, 협력해 소비한다

공유 경제는 물건, 공간, 서비스, 재능, 경험 등의 자원을 함께 사용하는 '협력적 소비'를 통해 사회적·경제적·환경적 가치를 창출하는 활동 서울시 조례, 2012년이라고 할 수 있습니다.

인류는 산업혁명 이후 대량생산과 대량소비의 경제체제 속에서 소비를 미덕으로 여기는 소비사회를 살아왔습니다. 이를 통해 많은 편의성과 풍요로운 삶을 얻은 반면, 자원 고갈과 환경 문제로 인해 지속 가능성의 위기를 맞고 있습니다.

최근 환경문제와 지속 가능한 발전에 대한 관심이 높아지면서 공유 경제의 가치가 주목받고 있고, 소유보다는 경

험을 중시하는 소비 트렌드의 변화로 합리적인 소비를 지향하는 소비자들이 증가하면서 공유 서비스에 대한 수요도 늘고 있습니다. 경제불황과 불안정한 고용으로 소비 비용을 절감하려는 노력도 공유 경제에 대한 관심을 갖게 하는 요인이라 할 수 있습니다. 여기에 인터넷과 스마트폰의 기술 발전은 온라인 플랫폼을 통해 공유 활동을 쉽게 할 수 있을 뿐만 아니라 사용자 간 신뢰를 구축하고 안전한 거래를 가능하게 하여 공유 경제를 활성화하는 데 큰 역할을 하고 있습니다.

진짜 공유는
'사람과 사람이 만나는 일'

최근에 지자체를 비롯해 다양한 공유 서비스 플랫폼이 운영되어 지역의 사람들을 잇는 활동들을 하고 있습니다. 예로 비어 있는 공간집, 창고, 사무실과 잘 쓰

지 않는 물건공구, 장난감, 자동차, 숨어 있는 정보와 혼자만의 재능을 지역 주민들이 나눌 수 있도록 사람과 사람을 만나게 해주는 '공유 대구' 플랫폼을 들 수 있습니다. 서울시를 비롯해 여러 지역에 '공유센터'가 있는데 공간 대관뿐 아니라 생활용품과 캠핑용품, 공구 등 어쩌다 한 번 쓰게 되는 물건을 이곳에서 빌려 쓸 수 있습니다. 물품 외에도 자신만이 갖고 있는 재능이나 경험을 나누는 재능공유도 가능한데 여행 경험이나 대인관계 기법, 사진 잘 찍는 방법 등 다양한 프로그램이 가능합니다. 음식으로 온정을 나누는 '공유 냉장고'엔 누군가 음식과 식재료를 넣어두면 필요한 사람이 꺼내 가는 따뜻한 공유가 일어나고 있습니다.

많은 시간 비어 있는 개인 소유 주차장을 주차공유 플랫폼에 공유를 하거나 1년 사용 시간 평균 13분인 각종 공구, 언젠가 입으려고 모셔둔 옷, 그리고 책, 유아용품, 장난감 등 사용하지 않는 '내 것'을 누군가 필요한 사람이 사용할 수 있도록 공유할 수 있습니다. 이로써 사람과 사람을 잇고 관계의 끈이 회복되는 일들이 공유 경제를 통해 퍼져나가기를 기대합니다.

✔ **개인이 실천할 수 있는 것은?** ● 1. 필요한 물건을 구매하기 전에 공유 서비스를 이용하거나 빌려 쓸 수 있는지 알아보기
2. 사용하지 않는 물건이나 공간을 공유 플랫폼에 등록하기

✔ **함께 실천할 수 있는 것은?** ● 1. 지역 주민, 교회에서 서로 물건을 빌려 쓰거나 재능을 나눌 수 있는 모임 만들기
2. 지역의 공유 공간, 공유 센터에서 모임을 갖거나 함께 이용해 보기

✔ **관련 정책과 필요 정책은?** ● 1. 공유경제활성화 기본법 제정 – 공유 경제의 정의, 기본원칙, 정부 지원 등
2. 공유 경제와 기존 사업자 간 충돌과 갈등 문제 해결 – 숙박업, 운송업, 배달 플랫폼의 높은 수수료, 세금 회피 및 노동 문제
3. 개인 정보 보호 및 안전과 책임 관련 규정 마련 - 공유 서비스 이용자의 개인 정보 유출 방지 대책, 안전 사고 및 분쟁 해결

<참고자료>
- 서울시 공유 플랫폼 공유 허브 홈페이지 http://sharehub.kr/
- 공유 대구 홈페이지 : https://www.sharedg.org/notice/
- 『소유의 종말』, 리프킨 제레미 지음, 민음사 펴냄
- 『공유냉장고가 재미있어요』, 수원지속가능발전협의회 펴냄

진짜 좋은 성장, 진짜 좋은 삶

'탈성장'에 관한 오해와 진실

성장의 한계

1972년 국제적인 환경 연구단체인 '로마클럽'은 <성장의 한계>라는 보고서를 통해, 인류가 지금과 같은 삶의 방식을 고집하면 인류 문명은 앞으로 100년밖에 존속하지 못할 것이라고 경고했습니다.

하지만 인류는 '지속가능한 성장'을 부르짖으며 달렸습니다. 그 결과는 마이너스 성장과 경제 위기, 양극화와 불평등 심화, 환경 오염과 자연 파괴였습니다.

지속가능하지도 않고, 성장하지도 못한 것이죠. 무엇보다 기후붕괴로 인해 여섯 번째 대멸종을 눈앞에 두게 되었습니다.

탈성장의 오해

많은 이들이 위기를 극복하고 살아남기 위해서 '탈성장'이 필요하다고 합니다. 하지만 탈성장이란 말은, 은연중에 경제성장을 신神으로 떠받들도록 배우고 살아온 우리를 불편하게 합니다. "그럼 성장하지 말자는 거야? 대체 어떻게 살자는 거야?" 불평과 불만이 차오릅니다.

하지만 걱정하지 마세요. 탈성장은 성장을 관두자는 식의 단순한 개념이 아닙니다. 오히려 성장의 궁극적 목표인 좋은 삶에 대해 다시 생각해보자는 것입니다. 달리 말하면, 진짜 좋은 성장을 통해 진짜 좋은 삶을 살자는 것입니다. 안심이 되고 궁금해지시나요?

더 이상의 성장은 불가능

우선 더 이상 성장하는 것은 가능하지 않다는 것을 확실히 해야 합니다. 어느 정도 성장하고 나면 그만 성장을 멈추는 것이 자연법칙입니다. 자연에 속한 인류 문명도 마찬가지입니다.

우리는 성장 자체만을 위한 무분별한 성장, 왠지 모르게 쓰고 살아야 할 것 같은 소비주의의 압박에서 벗어나, 자급하고 자족하며 자립하고 자치하는 자율적인 인간이 되어야 하고, 그 자율적인 인간들의 연합으로서 함께 미래를 결정할 수 있는 능력을 길러야 합니다. 앞서 말했듯이, 위기를 극복하고 살아남으려면 말이죠.

절제와 자족

진짜 좋은 성장을 통한 진짜 좋은 삶에 대한 가르침의 흔적을 성경에서도 발견할 수 있습니다. 욕심은 죄가 되고 죄의 결과는 죽음뿐이라는 경고약 1:15, 절제를 성령의 열매 중 하나로 꼽는 것갈 5:23, 자족하는 삶을 배우라는 권면빌 4:11 말입니다. 그래도 불안해하는 우리에게, 하나님이 양 떼를 돌보는 목자처럼 보살펴주니까 아쉬울 것이 없을 것이라 약속합니다시 23:1.

함께 즐거운 삶

이제 경제성장이라 불리는 죽음과 파괴의 신神을 찍어내버립시다. 진짜 좋은 성장을 통한 진짜 좋은 삶을 삽시다. 인간과 인간, 인간과 여러 생명이 지구 안에서 서로 돕고 함께 살며 같이 즐거워하는 삶을, 다 같이 죽지 말고, 함께 조금 더 살아내봅시다.

✔ **개인이 실천할 수 있는 것은?** ●	1. 하나님을 믿어 욕심을 버리고 절제하고 자족하기 2. 소비, 육식, 배달, 배송, 일회용품, 에너지의 사용을 줄이기
✔ **함께 실천할 수 있는 것은?** ●	1. 환경을 파괴하는 기업과 정부 정책을 골라서 반대하기 2. '진짜 좋은 성장'을 추구하는 정당과 단체를 지지하고 후원하기
✔ **관련 정책과 필요 정책은?** ●	1. 새 헌법에 기후와 환경의 보호, 정의로운 전환을 명시 2. 환경부의 예산과 권한이 기획재정부를 압도하고, 장관은 환경부총리가 되도록 조정

정의롭지 않은 기후위기

기후정의와 기후약자

'형량'은 '죄인에게 내리는 형벌의 정도'이며, 보통 죄의 중대성이나 동기, 전과기록 등에 의해 결정됩니다. 많은 사람에게 손해를 끼친 사람은 중형을 받지만 사소한 잘못은 재판에 가기 전에 훈방으로 끝나는 경우도 있습니다. 죄의 무게에 따라 처벌이 적당하게 이루어지는 것을 '정의롭다'라고 합니다. 그런데 대놓고 정의롭지 않은 상황이 펼쳐지고 있으니 바로 '기후위기로 인한 부정의'입니다.

나라 사이의 기후부정의

2021년 기준 전 세계 이산화탄소 배출량은 약 364억 톤이었습니다. 배출량 1위는 중국으로 101억 7,500톤을 배출했고, 미국이 52억 8,500톤으로 2위입니다. 한국은 8위를 기록했습니다.

누적 배출량을 보면 조금 달라지는데, 1950년부터 2022년까지 1위는 미국으로 총 3,375억 톤을 배출했고 유럽연합과 중국이 그 뒤를 잇습니다. 여기에 언급된 나라들이 기후위기 사태의 주요 원인을 제공했고 가장 큰 책임을 지는 것이 정의로운 일입니다. 그런데 실상은 그렇지 않습니다.

투발루는 태평양에 있는 섬나라로 최고점의 해발고도가 4m밖에 되지 않아 점점 수몰되고 있습니다. 여행지로 유명한 몰디브 또한 수몰 위기에 처해 있어 대통령과 각료들이 바닷속에서 내

투발루의 수도 푸나푸티의 사람들

각회의를 열어 전 세계의 이산화탄소 감축을 촉구하기도 했습니다. 파키스탄은 2022년 폭우로 국토의 1/3이 물에 잠겼고, 남미와 아프리카는 가뭄으로 인해 많은 사람이 생존에 위협을 받고 있습니다.

기후위기로 인한 피해의 75%는 남반구의 가난한 나라에서 발생합니다. 기후위기를 책임져야 할 국가와 피해를 보는 국가가 다른 부정의한 상황입니다. 가난한 나라는 재난에 대처하거나 복구할 능력이 적어 더 큰 피해를 볼 수밖에 없습니다.

개인 간의 기후부정의

나라 간의 관계뿐 아니라 개인 간의 부정의도 심각합니다. 전 세계 소득 상위 10% 안에 들어가는 사람이 온실가스의 50%를 배출하고 있고, 하위 50%는 8%만을 배출합니다. 더 부유해지기 위해 엄청나게 많은 온실가스를 배출한 부유층은 폭우나 가뭄 등의 재난에도 안락한 생활을 유지할 수 있습니다. 그러나 온실가스에 배출 책임이 거의 없는 빈곤층은 부유층으로 인한 기후재난에 치명적인 피해를 봅니다. 2022년 반지하에 살던 가족 3명

기후위기기독교비상행동의 2024년 4차 기후정의기도회는 홍천 양수발전소와 송전탑 건설을 반대하는 데 목소리를 모았습니다. 수도권의 에너지 소비를 위해 지역 주민들의 삶이 피해를 보는 것은 정의롭지 않습니다.

이 폭우 탓에 사망한 사건이 있었고, 2023년 우리나라 온열질환 사망자 3명 중 2명이 극빈층으로 집계되었습니다. 재난에 취약한 곳에 살거나 냉난방이 어려운 집에 사는 주거취약층은 기후재난에도 취약할 수밖에 없고 한번 피해를 보면 그 피해를 복구할 수 있는 능력도 부족해서 개인과 가족의 삶이 꺾여버릴 수 있습니다.

기후정의를 위해

그렇다면 무엇이 필요할까요? 당연히 온실가스를 많이 배출한 나라와 사람이 그만큼의 책임을 지고 피해를 보는 나라와 사람을 위해 나눠야 합니다. 생산수단과 재산이 많을수록 세금을 많이 내고, 그 자본으로 대중교통을 확충하고 주거지를 개선하고 기후난민에게 삶의 터를 제공하는 등의 정의롭고 선한 흐름이 필요합니다. 양극화를 가속하는 경제 시스템에 대해서도 재고하면서 정의와 평화를 위해 권리와 편리를 양보하는 시스템을 만드는 데 함께하는 것도 좋은 방법입니다.

✔ **개인이 실천할 수 있는 것은?** ●

1. 기후취약계층에 관심 갖기

2. 기후정의가 이루어지지 못한 상황을 주시하기

✔ **함께 실천할 수 있는 것은?** ●

1. 공동체에 기후취약계층이 있다면 개선방안 마련하기

2. 기후취약계층이 안정과 쉼을 얻을 수 있도록 공간 개방하기

✔ **관련 정책과 필요 정책은?** ●

1. 환경세를 강화해 기업의 환경오염과 탄소 배출을 저지

2. 기후재난으로 피해를 입은 경우 정부와 지자체가 회복을 책임

<참고자료>

- 『녹색성장 말고 기후정의』, 박재용 지음, 뿌리와 이파리 펴냄
- 'Visualized: Global CO2 Emissions Through Time(1950~2022)', VISUAL CAPITALIST
- '사회적 약자에 더욱 취약한 기후 위기, 기후 약자', 기상청 블로그
  https://blog.naver.com/kma_131/223598646427

CO2 Emissions

2부
이웃약자

대화의 예의

경청하고 존중하는 대화가 되도록 서로 예의를 지킨다

말은 사람을 살리기도 하고 죽이기도 할 만한 위력을 가졌습니다. 말 한마디가 마음의 상처로 새겨진 경우도 많습니다. 이럴 때 '대화의 기술'은 많은 도움이 되지만 지속되지 못하는 경우가 많습니다. 그래서 대화를 위해 기초가 되는 마음가짐에 대해 살펴본 후 대화의 기술을 정리해 보려고 합니다. 우리의 마음에 가득한 것이 입으로 나오기 때문입니다.

마음가짐 : 인간의 연약함을 인정하는 것과 판단하지 않기

"내가 의도한 바가 아니니 불편하게 여기는 건 네 문제다"라고 말하는 경우가 있습니다. 건강한 선 긋기가 될 때도 있지만, 누구나 상처를 줄 수 있음을 인정하는 것이 필요합니다.

반대로 '목소리가 크고 언성이 쉽게 높아지는 사람'과 대화하며 상대가 자신에게 화를 냈다고 여기는 사람도 있습니다. 상대방은 아무런 감정도 없는데 혼자 속상해하는 경우입니다. 사람은 연약하고 부족하기 때문에 말로 상처를 줄 수 있고, 작은 일에 상처받을 수도 있다는 걸 기억하는 겸손이 대화의 기초입니다.

욥은 "옳은 말이 어찌 그리 고통스러운고"욥 6:24라고 한탄했습니다. 욥의 친구들은 증거도 없이 욥의 고난이 죄 때문이라 판단해 충고와 비난을 했습니다. 판단하지 않으려면 선입견을 내려

놓고 끝까지 경청하고 이해한 후에 말을 해야 합니다. 듣기는 속히 하고 말하기는 더 디 하는 방법이며약 1:19 사연을 듣기 전에 대답하는 미련잠 18:13을 넘어서는 길입니다.

대화의 기술1 : 공감

공감은 상대방과 같은 감정을 느껴야만 할 수 있는 것이 아닙니다. 나와 달리 '너는 그렇구나'라는 마음이면 충분합니다. 공감에는 세 가지가 있습니다. '상태공감'은 말하고 지각하는 상태 그대로를 받는 것이며, 더 알아가고 싶은 마음을 표현하는 것입니다. 예를 들면 "뭐가 매워 안 매워"가 아니라 "넌 맵구나!"라고 하거나, "그래서 어떻게 되었어? 좀 더 이야기해 봐"라고 반응하는 것입니다.

둘째로 '감정공감'은 상대방의 감정 그대로를 수용하는 것이며 감정을 다독이는 역할을 합니다. "별것도 아닌 걸 가지고"라는 말 대신 "너는 그렇게 느끼는구나"라고 이야기하는 것입니다. '욕구공감'은 상대방의 감정과 생각 너머에 있는 의도를 파악해 주는 것으로 더 깊은 공감을 일으키고 생각을 명료화해 앞으로 어떤 삶을 살아야 할지 방향을 잡고 행동하게 하는 힘이 됩니다.

대화의 기술2 : 자신의 욕구에 이름 붙여 말하기

우리는 감정이나 상황의 인식차에 대한 말만 할 뿐 욕구에 관한 대화로 넘어가지 못하는 경우가 많습니다. 욕구는 대화의 핵심이 되므로 이름을 붙여 말하는 연습이 필요합니다. "네가 나쁜 말을 하니까 내가 화가 났지"라고 남 탓을 하는 대신 "나는 존중받고 싶으니 좋은 말로 해주면 좋겠어"라고 욕구에 이름을 붙입니다. "나 좀 내버려 둬"라는 말 대신에 "나 한 시간만 혼자 있고 싶어"라고 구체적으로 이름을 붙여 표현합니다.

대화의 기술3 : 감동감탄의 격려

격려는 성경의 명령 중 하나입니다^{살전 5:11}. 로렌스 크랩은 "격려란 상대방의 필요에 초점을 둔 친절한 말로 올바로 세워주기 위한 하나님의 도구"라고 했습니다. 격려법 중에서 특히 감동과 감탄은 다른 사람에게 소속감과 자존감을 만들어주는 보석 같은 선물이 됩니다. 하나님은 "보기 좋았다", "내 기뻐하는 자라"는 말씀으로 감동 감탄과 기쁨을 표현하셨습니다. 우리도 하나님처럼 주변 사람을 세우는 선물을 전할 수 있습니다. "네가 있어서 참 기뻐", "덕분에 분위기가 좋아". 이런 표현은 상대방을 바로 세우기 위한 사랑의 방법입니다.

 **개인이 실천할 수 있는 것은?**

1. 문제 상황이 생길 때 자신의 감정, 욕구는 무엇인지 체크해보기
2. 하나님의 마음으로 격려해 주고 세워주고 싶은 사람을 찾아 격려말을 해주기
3. 어색하더라도 공감하고 격려하는 시도를 해보기

 **함께 실천할 수 있는 것은?**

1. 교회나 가정, 모임에서 카드나 감정, 욕구, 격려 리스트를 활용해서 대화를 연습하기
2. 서로의 다름 때문에 상처줄 수 있는 상황에 대해 미리 이야기를 나누기

<참고자료>
- 『그리스도인답게 말하기』, 캐롤린 레이시 지음, 구지원 옮김, 생명의말씀사 펴냄
- 『크리스천 욕구코칭』, 김성경 지음, 수업디자인연구소 펴냄
- 『격려 상담』, 로렌스 크랩/댄 엘린더 지음, 오현미/이용복 옮김, 나침반 펴냄

먼저 따뜻한 인사를 건네요

먼저 건네는 인사는 사회를 지키는 버팀목

한국 사람은 속정이 깊고, 가까워지고 나면 정말 잘 대해 주는 데에 반해, 길을 걷는 중이나, 만난 지 얼마 안 된 사이에는 무표정, 무뚝뚝, 화난 모습, 경계하는 태도 등을 보이는 경우가 많습니다.

역사적, 문화적으로 원인이 있겠지만, 갈수록 혐오와 차별이 심해지는 요즘의 상황에는 내 주변의 약자와 이웃을 위해 먼저 인사를 건네고, 따뜻한 말 한마디와 작은 몸짓 하나로 유대감과 존중감을 표현하는 것이 절대적으로 필요합니다.

그리스도인이 먼저 인사를 하면

따뜻한 인사는 사람 사이의 벽을 허물고 관계를 부드럽게 만듭니다. 직장에서, 학교에서, 이웃 간에 먼저 인사를 건네면 서로에 대한 경계심이 줄어들고 신뢰가 쌓입니다. 연구에 따르면, 인사를 자주 나누는 공동체는 범죄율이 낮고, 이웃 간의 유대감이 강하다고 합니다. 우리가 먼저 인사할 때, 사회는 더 따뜻하고 안전한 곳이 될 수 있습니다.

특별히 그리스도인은 성경과 교회 생활을 통해서 먼저 따뜻한 인사를 건네는 훈련을 많이 해왔고, 복음을 전하는 데 있어서도 상대를 존중하는 태도를 보이는 것이 기본이니 먼저 인사를 하는 것은 그리스도인들의 특권이자 의무라고 할 수 있습니다.

쉽지 않지만 너무나 필요한
먼저 인사하기

먼저 인사하는 것은 때때로 용기가 필요합니다. 낯선 사람에게 인사하는 것이 어색하게 느껴질 수도 있고, 거절당할까 봐 두려울 수도 있습니다. 또한, 바쁜 일상에서 누군가에게 먼저 인사를 건네는 것이 번거롭게 느껴질 수도 있습니다. 그러나 우리가 아파트 경비원, 택배 배달원, 환경미화원, 경찰 공무원, 버스나 택시 기사님, 부하 직원이나 어린아이 등에게 먼저 인사하는 것은 우리가 그 사람을 존중하고 나도 존중받기를 원한다는 마음을 제일 간편하게 알리는 사회의 안전망입니다. 우리가 먼저 인사하는 것은 돈과 시간을 들이지 않으면서도 이 사회를 좀 더 따뜻하고 살맛 나는 세상으로 만드는 좋은 방법입니다.

저는 한 20여 년 전부터 스스로 습관

화한 인사 관련 행동원칙이 하나 있습니다. 버스와 택시를 타고 내릴 때는 꼭 인사를 하는 것입니다. 이때 가까이 계신 기사님만 들을 정도의 작게 하지 않고, 차에 타고 있는 사람이 모두 들릴 정도로 큰 소리로 경쾌하고 부드럽게 "고맙습니다"를 외칩니다. 그동안의 경험으로 봤을 때 이렇게 큰 소리로 인사하면 승객들도 각성하고 긍정적으로 생각하지만, 특히 버스 기사님은 아주 좋아하십니다. 여러분들도 한번 시도해 보십시오.

먼저 인사하려 할 때 유의해야 할 것들

그런데 이렇게 꼭 필요한 인사도 몇 가지 신경을 써야 할 것이 있습니다.

무엇보다 내 진심이 꼭 담긴 언어와 표정과 태도를 보여줘야 합니다. 겉과 속이 다른 것은 0.01초의 순간적인 관찰로도 읽힐 수 있습니다. 그리고 상대방의 현재 상태와 입장을 고려해야 합니다. 양손으로 짐을 옮기는 분에게 악수를 청하거나, 여러 사정으로 낯빛을 보

이지 않으려는 분의 얼굴을 기어이 돌리게 하려 들진 말아야 합니다. 이 모든 것은 이웃에 대한 '배려와 관심'으로 극복이 가능할 것입니다.

✔ 개인이 실천할 수 있는 것은? ●

1. 아파트 경비원, 택배/음식 배달원, 환경 미화원, 경찰에게 먼저 인사하기
2. 버스나 택시를 타고 내릴 때 기사님께 감사 인사하기
3. 엘리베이터에서 먼저 인사하기
4. 음성통화, SMS나 카카오톡 대화 때에 첫 시작은 상대를 존중하는 인사로 시작하기

✔ 함께 실천할 수 있는 것은? ●

1. 교회나 직장 학교에서 칭찬릴레이를 하기
2. 어린이와 청소년에게도 높임말로 인사하고 대화하는 캠페인을 기획해 보기

✔ 관련 정책과 필요 정책은? ●

1. 인사 장려를 위해 '먼저 인사하는 날' 같은 월간 기념일 지정
2. 일상에서 먼저 인사할 사람, 관계, 상황을 알리는 자료 제작 배포

<참고자료>

- '박제우 회원의 '자발적 불편' 체험기' https://cemk.org/18526/
- '인사만 잘해도 성공한다. 올바른 인사 예절!', 에이블 아카데미
- 『인사』, 김성미 지음, 책읽는곰 펴냄
- '<타인의 친절> 작은 행동이 만든 큰 기적', 장혜령 브런치스토리
  https://brunch.co.kr/@doona90/643

에이블 아카데미

차별과의 결별

틀림이 아닌 다름

달라도 모두 중요해

우리는 다양성이 가득한 세상에 살고 있습니다. 성경에서는 하나님이 각기 다른 모습과 능력을 가진 피조물을 만드셨다고 이야기합니다. 고린도전서 12장에서 바울은 교회를 하나의 몸에 비유하며, 각 지체가 다르지만 모두 중요하다고 강조합니다. "만일 온몸이 눈이면 듣는 곳은 어디며 온몸이 듣는 곳이면 냄새 맡는 곳은 어디냐"라는 말씀처럼, 다양성은 하나님의 창조 질서 안에서 의도된 아름다움입니다. 이러한 다양성의 가치는 세계인권선언에서도 찾아볼 수 있습니다. 1948년 채택된 세계인권선언은 "모든 인간은 태어날 때부터 자유롭고, 존엄성과 권리에 있어서 평등하다"라고 선언하며, 인종, 피부색, 성별, 언어, 종교 등에 관계없이 모든 사람의 기본적 인권을 보장합니다. 다양성은 '틀림이 아닌 다름'입니다. 이 다름을 인정하고 존중할 때, 우리는 서로의 고유한 가치를 발견하며 더욱 풍요로운 공동체를 만들어갈 수 있습니다.

씨줄과 날줄로 촘촘한 차별

우리는 종종 의식하지 못한 채 차별적인 언행을 하곤 합니다. 이러한 미세공격, 또는 미세차별microaggression은 일상에서 흔히 일어나며, 상대방에게 불쾌감을 주거나 그들의 경험을 무시하는 결과를 초래합니다. 예를 들어, 여성

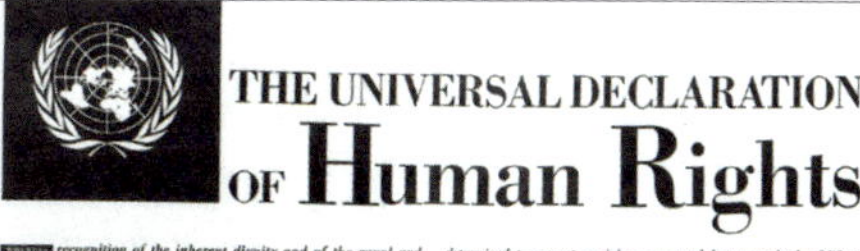

의사를 간호사일 것으로 추측하고 간호사라고 부르는 행위는 성별 고정관념에서 비롯된 차별이며, 성평등과 존중 문화를 저해하기 때문에 개선이 필요합니다. 또한, "우리 사회는 이제 성차별 같은 건 없어. 요즘은 오히려 남성이 더 역차별을 당하지"라는 말은 성차별로 여전히 고통받는 많은 사람의 현실을 부정하며, 피해를 경험한 사람의 감정을 무시하는 결과를 초래합니다.

많은 사람들은 자신이 차별적이지 않다고 믿지만, 어떤 영역에서는 차별에 둔감할 수 있습니다. 이것이 바로 '선량한 차별주의자'의 모습입니다. 헌법에 평등과 차별금지 원칙이 명시되어 있고 누구도 이를 반대하지 않지만, 많은 사람들이 자신의 특권을 인식하지 못한 채 무심코 차별적인 태도를 보이는 경우가 많습니다.

상호교차성intersectionality은 한 사람의 정체성이 다양한 억압과 특권이 교차하며 작용한다는 점을 강조합니다. 예를

들어, 이주배경을 가진 여성 노동자나 한부모 가정의 청소년은 여러 상황이 중첩되어 더 깊은 소외를 경험할 수 있습니다. 성경에서 사마리아 여인이나 이방인 과부 룻의 이야기는 당시 사회에서 여러 이유로 소외된 이들을 향한 하나님의 특별한 관심을 보여줍니다. 이러한 차별은 개인의 문제가 아니라 사회 구조적 문제이며, 이를 인식하고 변화시키는 것이 필요합니다.

다름을 존중하는 일상의 실천

차별 없는 세상을 만들기 위해서는 구체적인 실천이 필요합니다.

첫째, 자신의 무의식적 편견을 인식하고 극복하려고 노력합시다. 우리는 종종 자신도 모르게 특정 집단에 대한 고정관념이나 선입견을 품고 있습니다. 예를 들어, 장애인을 돕겠다는 의도로 지나치게 간섭하거나 그들의 자립성을 무시하는 행동도 편견에서 비롯될 수 있습니다.

둘째, 차별적 상황에서 목소리를 냅시다. 예를 들어, 누군가가 특정 집단에 대한 부적절한 농담을 할 때 "그런 말은 누군가에게 상처가 될 수 있어요"라고 지적하는 것도 중요한 실천입니다.

예수님께서 "네 이웃을 네 자신과 같이 사랑하라"[마 22:39]고 가르치셨듯이, 다름을 인정하고 존중하는 것은 그리스도인으로서 우리의 소명입니다. 이러한 작은 실천들이 모여 우리 사회를 더 포용적이고 평등한 곳으로 만들 수 있습니다.

☑ **개인이 실천할 수 있는 것은?** ●

1. 적극적 지지자(ally) 되기 : 차별적 상황에 직면했을 때 "그런 농담은 누군가에게 상처가 될 수 있어요"라고 말하거나, 차별받는 사람 곁에서 지지를 표현하는 것만으로도 큰 도움이 됩니다.
2. 다양성 존중 언어 사용하기 : '남자답게'나 '여자답게'라는 표현 대신 행동의 특성을 설명하는 언어, '정상인' 대신 '비장애인'과 같은 포용적 언어를 의식적으로 사용해 차별적 표현을 줄입시다.
3. 다양한 관점 배우기 : 성별, 인종, 국적 등 다양한 배경을 가진 사람들의 이야기를 담은 책이나 영화를 통해 새로운 관점을 배우고 공감 능력을 키웁시다.

☑ **함께 실천할 수 있는 것은?** ●

1. 차별금지 및 다양성 존중 학습모임 참여하기
2. 다양한 공동체에 참여하고 교류하기

☑ **관련 정책과 필요 정책은?** ●

1. 학교 교육과정에 다양성, 평등성, 포용성에 관한 내용을 포함

<참고자료>

- 『미세공격』, 데럴드 윙 수/리사 베스 스패니어만 지음, 김보영 옮김, 다봄교육 펴냄
- 『선량한 차별주의자』, 김지혜 지음, 창비 펴냄
- 『상호교차성』, 패트리샤 힐 콜린스/시르마 빌게 지음, 이선진 옮김, 부산대학교출판문화원 펴냄

세대를 넘어선 존중

나와 다른 상황과 문화를 가진 타 세대를 이해하고 존중하기

기원전 1700년경 수메르 시대에 쓰인 점토판에 "요즘 젊은것들은 너무 버릇이 없다."라는 내용이 담겨있다는 이야기 들어보셨죠? 고대 그리스의 유명한 고전 일리아스에도 "요즘 젊은이들은 나약하다."라는 표현이 나옵니다. 이처럼 세대차로 인한 갈등은 어느 시대나 있었던 문제입니다.

세대 간 비난과 불평

하지만 핵가족의 보편화, 마을 공동체의 해체, 기술과 대중문화의 급격한 변화 등으로 인한 현대 사회의 세대 갈등은 이전 시대와는 다른 차원으로 전개되고 있습니다. 젊은 세대는 어른들이 자신들이 처한 상황에 대한 이해 없이 던지는 취직, 결혼, 출산에 대한 질문과 강요로 인해 명절 증후군을 겪을 정도로 스트레스를 받는다고 합니다. 그리고 어른 세대는 젊은 세대가 자신들의 애정 어린 충고를 '꼰대'라는 이름으로 배척한다며 힘들어하기도 합니다. 이렇게 어른 세대는 젊은 세대를 나약하고 이기적이라고 비난하고, 젊은 세대는 어른 세대를 말이 통하지 않는다고 불평만 한다면 한국 사회의 지속가능성은 크게 약화할 것입니다.

이해하고 수용하려는 태도

이 문제를 해결하기 위해서는 먼저 어른 세대가 지금 젊은 세대가 처한 어려움을 이해하려는 노력을 해야 합니다.

어른 세대의 노력으로 우리 사회가 물질적으로 풍요로워졌지만 부동산 가격 상승과 불평등 심화, 저성장 시대의 도래 등으로 인해 청년 세대가 희망을 품고 노력하기가 훨씬 더 어려워졌다는 현실을 인정해야 합니다. 그리고 이러한 어려움 가운데 있는 청년 세대의 현실을 공감하고 이해하려는 노력을 해야 합니다. 충고하고 조언하기보다는 그들의 이야기를 들으려는 노력을 먼저 해야 합니다.

청년 세대는 어른 세대가 어려운 여건 가운데서 지금의 경제 발전과 민주화를 이룩해온 것에 대해 인정하고 존경하는 자세를 가져야 합니다. 그리고 그들의 삶의 경험에서 나온 지혜와 조

언이 지금의 젊은 세대가 처한 상황에 적합하지 않은 부분이 있다고 하더라도 그 정신과 태도는 걸러서 수용하려는 자세를 가져야 합니다. 급격한 기술 문명과 가치관의 변화를 제대로 반영하지 못한 어른 세대의 모습으로 인해 불편한 부분은 솔직하되 예의를 갖추어 표현함으로 소통과 신뢰를 쌓아가야 할 것입니다.

가정에서 직장에서 교회에서

가정과 친척은 세대 간의 단절로 인한 갈등이 가장 심하게 드러나는 곳이지만 동시에 이를 극복하고 상호 존중의 새로운 연결을 만들어갈 수 있는 장이기도 합니다. 가까운 사이일수록 서로에 대한 존중과 예의를 갖추고, 내 생각을 함부로 말하지 않고 서로의 생각에 대해 경청하는 훈련을 해야 합니다. 직장은 업무와 위계로 만나는 관계지만 동시에 다양한 세대가 함께 생활하는 터전입니다. 공적인 업무와 사적인 생활을 잘 구분하고, 선을 넘지 않도록 주의하며, 서로 존중하고 소통하는 문

화를 만들어가야 합니다.

교회는 신앙을 중심으로 세대 간의 연결을 훈련할 수 있는 소중한 자산입니다. 교회의 운영과 성도 관리의 편의성을 위해 세대를 촘촘하게 구분하는 관행을 벗어나 전 세대가 함께 예배하고 교제할 수 있는 장을 많이 만들어야 합니다.

어른 세대는 젊은 세대를 의사결정에 적극적으로 참여시키며, 젊은 세대는 어른 세대의 이야기에 귀 기울임으로 온 세대가 함께 그리스도의 몸으로 지어져가는 경험을 하는 공동체를 만들어갈 수 있을 것입니다.

개인이 실천할 수 있는 것은?

1. 나이와 관계없이 존댓말 사용하기
2. 선입관을 내려놓고 경청하기
3. 다른 세대의 경험과 상황에 대해 학습하기
4. 대중교통 자리 양보하기, 양보에 감사하기

함께 실천할 수 있는 것은?

1. 가족 친족 모임에서 불편한 질문 하지 않기
2. 세대통합예배, 세대통합 소그룹으로 모이기
3. 진로 직업 연계 멘토 멘티 관계 형성하기

관련 정책과 필요 정책은?

1. 노년가구의 남는 방을 대학생에게 저렴하게 임대하는 '한지붕세대공감'
2. 다양한 세대가 함께 어울리며 생활하는 세대통합형 복합 커뮤니티 시설 설립

교회의 접근성

배리어 프리, 우리의 민낯

접근성은 장애인을 포함한 교통약자에게 편리한 생활환경의 척도

접근성accessibility은 건물, 이동, 정보 등에 대해 장애인·노인·임산부 등교통약자이 얼마나 자유롭고 동등하게 접근하고 이용할 수 있는지를 나타내는 척도입니다. 접근성이 좋을수록 그리고 접근성이 좋을수록 그 건물(또는 생활환경이나 도시)은 장애인을 포함한 교통약자가 편리하게 접근하고 이용하기 쉬운 곳이 됩니다.

교회의 접근성 평가 기준

교회의 접근성을 평가하는 몇 가지 기준이 있습니다. 첫째, 주 출입구입니다. 교회의 주 출입구에 계단만 있습니까? 아니면 계단과 경사로가 함께 있거나 또는 계단이 아예 없고 평지로 들어갈 수 있습니까? 계단이 없이 평지로 들어가는 출입구가 가장 접근성이 좋으며, 계단만 있는 출입구는 접근성이 가장 낮습니다.

둘째, 엘리베이터입니다. 교회가 2층 이상의 건물일 경우 엘리베이터가 있고, 그 엘리베이터가 장애인용 엘리베이터로 설치되어 있는 교회의 접근성이 가장 높고, 계단만 있는 교회의 접근성이 가장 낮습니다.

셋째, 화장실입니다. 교회의 건물마다 장애인용 화장실이 남자용과 여자용으로 별도로 있으면 접근성이 좋으며, 장애인용 화장실이 남녀 공용으로 1개

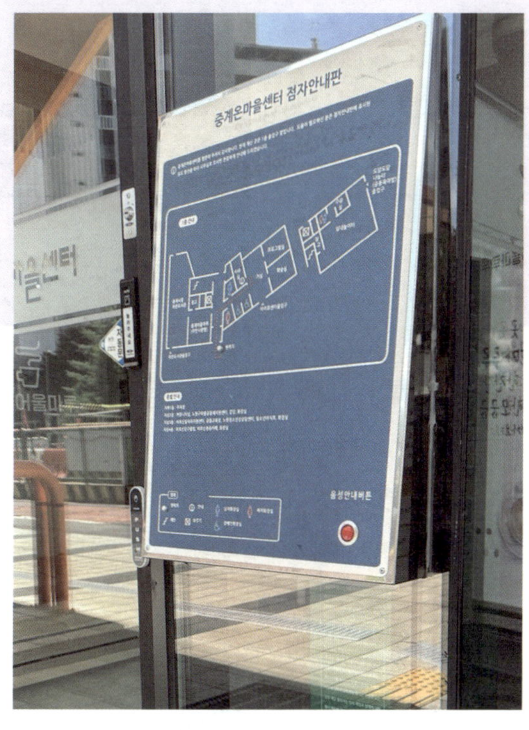

만 있거나 장애인용 화장실이 없으면 접근성이 낮습니다.

넷째, 시각장애인 안내와 청각장애인 의사소통 지원입니다. 교회 입구에 촉지도식 안내판, 출입구 앞과 계단 앞에 점자블록 및 각 실마다 출입문 옆에 점자표지판이 설치되어 있으면 접근성이 높고, 촉지도식 안내판, 점자블록, 점자표지판 가운데 일부만 있으면 접근성이 낮습니다. 또한 교회에 농인부가 따로 있고 수어통역사가 있거나 농인부는 없더라도 예배 및 모든 활동에 수어통역 또는 한글자막이 제공되면 접근성이 높으며, 수어통역이나 한글자막 제공이 없으면 접근성이 낮습니다.

다섯째, 예배당과 강단에 대한 접근입니다. 휠체어 사용자가 강단에 올라갈 수 있고, 예배당 좌석의 의자가 하나씩 움직일 수 있는 형태이면 접근성이 좋고, 강단에는 올라갈 수 있지만, 예배당 좌석은 벤치형이거나 강단에도 올라갈 수 없고, 좌석이 벤치형이면 접근

성이 낮습니다.

여섯째, 휠체어 사용자 이용 가능 차량의 운행입니다. 교회 버스나 승합차가 경사로나 휠체어 리프트가 장착된 차량이면 접근성이 좋고 그러한 차량이 없으면 접근성이 낮습니다.

일곱째, 교회의 모든 활동에 대한 참여의 보장입니다. 교회의 예배, 교육, 친교, 봉사 및 수련회와 기도회 등 모든 활동에 장애인의 참여를 보장하기 위해 휠체어 사용자의 이용이 가능한 숙소나 식당의 예약 등 계획부터 장애인의 참여를 위해 준비하고 있다면 접근성이 좋고, 장애인의 참여에 대한 계획을 하지 않는다면 접근성이 낮습니다.

우리 교회의 접근성은 좋습니까?

7개 항목에서 모두 좋은 접근성을 얻는 교회는 거의 없을 것입니다. 대부분의 교회의 접근성은 7개 항목 모두에서 낮은 접근성에 해당할 것입니다. 하지만 그것이 불편한 진실이며 이것이 우리 교회의 민낯입니다. 교회의 접근성은 일부 장애인만을 위한 시설이나 배려가 아닙니다. 모두가 함께 하나님을 찬양하고 예배드리기 위한 교회의 기본 준비입니다.

개인이 실천할 수 있는 것은?

1. 장애인이나 소수자에 대해 혐오하지 않기
2. 장애인이나 소수자에 대해 편견을 버리기
3. 장애인이나 소수자에 대한 편견과 혐오가 차별이라는 것을 인지하기

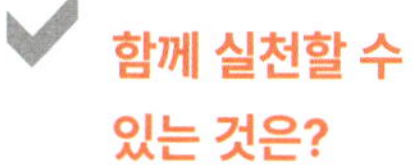

함께 실천할 수 있는 것은?

1. '우리 교회 접근성 높이기' 계획 수립하기
2. 교회 내·외부의 시설 개선 계획 수립하기
3. 장애인 및 소수자와 함께 예배드리고 활동하기
4. 기도회·수련회 등 외부 활동을 할 때 장애인의 참여를 위한 계획 수립하기

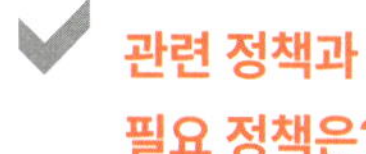

관련 정책과 필요 정책은?

1. 「장애물없는생활환경 인증(BF 인증)」 적용하기
2. 「장애인차별금지 및 권리구제 등에 관한 법률」 공부하기

이상한 나라의 발달장애인

환경을 이해하고 표현하는 의사소통 방식이 달라요

종종 지하철에서 만나는 발달장애인들이 있습니다. 유독 발달장애인은 지하철에서 만나게 된다는 생각이 들기도 합니다. 몸을 흔들면서 혼잣말하거나, 각 칸을 끊임없이 이동하는 모습, 옆에 다른 사람이 있는데도 노래를 하는 등의 모습을 보면 마치 이 지하철에 본인 혼자 있다고 여기는 듯 보입니다. 나랑 어느 정도 거리가 떨어져 있을 때는 상관없지만, 내 근처에 발달장애인이 있을 때는 나도 모르게 움찔하거나 약간의 위협감마저 느껴질 때도 있습니다.

몇 년 전 크게 주목받았던 드라마 <이상한 변호사 우영우>도 있고, 장애인에 대해 다른 관점을 지녀야 한다는 것에 대해 어렴풋이 알지만 막상 실생활에서 발달장애인을 마주하는 것은 여전히 낯설고 어려운 주제입니다.

발달장애인

우리나라 발달장애인법_{발달장애인 권리보장 및 지원에 관한 법률}에 의한 발달장애인의 정의는, 자폐성 장애인과 지적 장애인을 의미합니다. 이중에서 자폐성 장애인은 언어·신체표현·자기조절·사회적응 기능 및 능력의 장애로 인하여 일상생활이나 사회생활에 상당한 제약을 받아 다른 사람의 도움이 필요한 사람을 뜻하는데, 덧붙이자면 이들에게는 사회적 의사소통과 감각처리에 있어 뚜렷한 어려움을 보이는 특성이 있습니다.

발달장애인 특성

드라마 <굿닥터>나 <이상한 변호사 우영우>에 등장하는 주인공들은 모두 자폐성 장애인입니다. 그러나 이들은 자폐성 장애인 중에서도 아주 극소수에 해당하는 서번트증후군이라고 불리는 인물들입니다. 드라마 속에 담긴 매력적이고 뛰어난 능력을 지닌 모습으로 일반적인 자폐성 장애인을 대변하는 것에는 어려움이 있지만, 여느 대부분의 사람에게는 아무렇지 않은 일반적인 환경에서도 크게 불안해하며 적응을 어려워하는 모습, 간단한 농담도 이해하지 못하거나, 타인과의 정서 교류에 제한된 반응을 보이는 것은 일반적인 자폐성 장애인들에서도 확인되는 분명한 특성입니다.

또한 여느 대부분의 자폐성 장애인들은 이러한 어려움과 함께 인지 및 언어 기능에도 제약이 있어 실제로 경험하

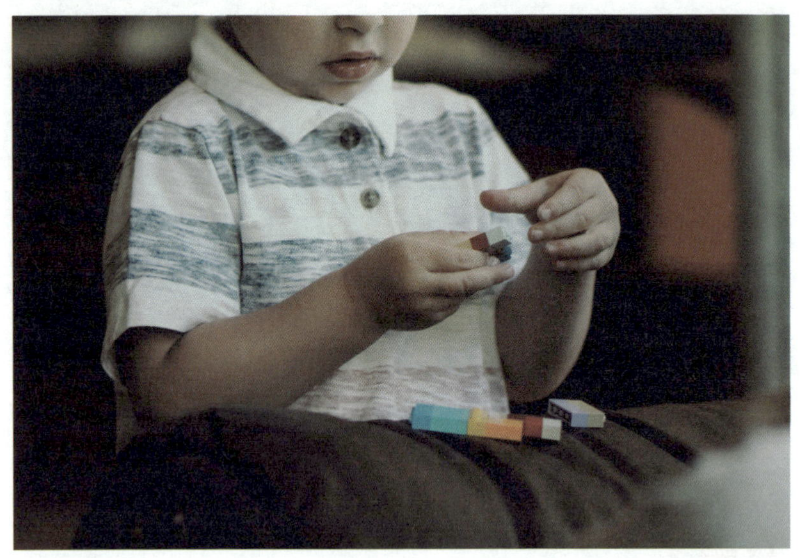

는 어려움의 정도와, 이를 표현하는 것에는 더 큰 확인점이 발생하고는 합니다. 그리고 그런 그들을 책임지는 가족의 삶 역시 우리의 생각을 뛰어넘는 무거움이 공존합니다.

발달장애인과 함께하기

발달장애인의 행동에는 사회적으로 원활한 구어 표현이 어려운 그들만의 메시지가 담겨 있습니다. '의사소통은 모두에게 권리'라는 관점을 바탕으로 그들의 행동을 이해하는 것이 필요합니다. 공공장소에서 때때로 발달장애인이 돌발행동을 보이더라도 필요 이상으로 놀라며 반응하거나(실제로 공공장소에서 발달장애인이 보이는 돌발행동에 타인을 향한 공격 행동은 극히 드뭅니다), 또는 시혜적인 태도를 지니는 것은 지양해야 합니다. 할 수 있다면 주변의 자극(소리 또는 사람, 사물 등)을 제거하거나 정리하는 것이 도움이 됩니다.

개인이 실천할 수 있는 것은? ● 1. 발달장애인이 보이는 그들만의 의사소통 방식을 존중하기

2. 발달장애인과 가족들에 대해 부정적이거나 혹은 시혜적인 태도는 지양하기

3. 발달장애인과 소통할 때는 뚜렷하고 분명한 사진이나 그림을 활용하기

함께 실천할 수 있는 것은? ● 1. 한 명의 시민으로서의 발달장애인과 그 가족 삶에 대한 인식개선 관련 관심을 갖기

2. 발달장애인과 모두를 위한 '유니버셜 디자인(universal design)'을 고민하고, 일상에서 시각정보를 적극 활용하기

관련 정책과 필요 정책은? ● 1. '발달장애인 권리보장 및 지원에 관한 법률'에서 발달장애인과 가족의 필요를 확인

2. 여전히 가족들이 실제로 경험하는 지원이 부족하므로, 향후 발달장애인의 자립지원과 함께 24시간 지원체계에 대한 구체적인 정책이 필요

<참고자료>

- 국가법령정보센터 (1997). https://www.law.go.kr/
- 『DSM-5』, APA 지음, 권준수 옮김, 학지사 펴냄
- 『TEACCH, 지금 행복하고 건강하게 자폐와 더불어 사는 법』. 사사키 마사미 지음, 이윤정 옮김, 마고북스 펴냄(원저는 2008년에 출간).

응답하라, 환대 DNA

이주민 이웃, 낯섦의 긴장감을 넘어 환대하기

전 세계에서 온 이주민 수는 259만 명 2025년, 초중고의 다문화 학생 비율은 3.8% 2024년, 대학에 유학 중인 외국인 유학생 수는 27만 명 2025년, 다문화 가정출신 장병 수는 1,000명 이상 2018년 으로 우리 사회의 특별한 수치들이 증가하고 있습니다. 글로벌 이주 현상이 우리의 일상 속으로 들어와 다양한 이주민들의 수가 빠르게 증가하고 있기 때문입니다.

하나님께서 선교지를 통째로 한국으로 옮겨 놓으셨다는 티비 토마스의 주장이 현실화되고 있습니다. 여권 없이도 우리가 가고 싶은 나라의 사람들과 문화를 일상에서 마주할 수 있게 되었습니다. 그런데 과연 이 수많은 이주민은 한국 사회에서 안녕할까요?

우리 사회의 이주민들은 안녕하지 못하다

한국인은 평균적으로 이주민을 '이웃이자 직장 동료'로 받아들일 수 있다고 합니다. 그러나 이러한 사회적 거리감은 현실과는 다릅니다. 이주민의 70%가 한국에서 인종 차별을 경험했고, 많은 이주민은 한국어의 벽과 문화 차이로 정서적 고립을 겪습니다. 이주민은 배제되고 소외되며, 무관심과 지나친 동정심 사이에서 차가운 관계를 경험합니다.

2023년 한국에 온 튀르키예 학생 쿠사 가명 는 한국어를 배우는 동안 한국인

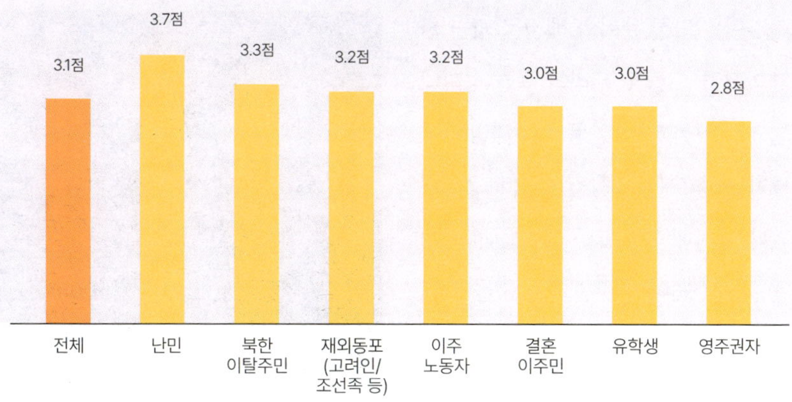

이주민에 대한 사회적 거리감(일반 국빈 5점 만점 평균)
출처 : 한국보건사회연구원, 사회통합 실태진단 및 대응방안(XI): 이주민과 사회통합, 2024.12.

교사 이외의 한국인과 차 한 잔과 함께 하는 대화조차 나눈 적이 없었습니다. 북한에서 온 재원가명은 친구들과 가까워지고 싶지만 친구들과는 다른 자신의 말투를 숨기기 위해 학교에서 침묵으로 생활합니다. 많은 이주민 곁에는 한국인 이웃들이 없습니다. 현재 한국 인구의 5%를 차지하는 이주민의 수는 2030년에 두 배로 증가할 것입니다. 차가운 현실 속에서 안녕하지 못한 이주민에게 무엇이 필요할까요?

도전! 잃어버린 환대를 찾아라!

많은 사랑을 받았던 드라마 '응답하라'의 시리즈가 보여주었던 이웃 간의 연결, 따뜻함, 서로를 환대하는 모습은 우리 사회가 품고 있던 중요한 삶의 가치입니다. 더불어 우리를 먼저 환대하신 하나님 덕분에 우리에게는 환대의 DNA가 담겨있습니다. 환대의 실천을 통해 "이상하지만 흥미로운 매력적인 사람들"이라고 불렸던 초대교회의 모습이 우리의 역사 속에 남아있습니다.

이주민은 다른 문화와 배경을 지닌 존재이지만, 그들도 우리와 똑같이 하나님의 형상을 지닌 동등한 존재입니다. 배제와 혐오는 긴장감을 가져오지만 환대는 화해와 평화를 가져옵니다. 타문화 이주민에게 존중과 사랑을 담아 이웃으로 다가갈 때, 우리의 삶은 다양함으로 풍성해지고 그들의 안녕이 우리의 안녕이 됩니다.

슬기로운 환대 생활

그러면 우리는 이주민을 어떻게 환대할 수 있을까요? 환대는 단순한 친절을 넘어, 낯선 이를 사랑하는 행동입니다.

•알아가기 : 이주민을 잘 아는 사람일수록 그들을 더 수용하고 이해하는 경향이 있습니다. 이주민을 환대하기 위해 우리는 먼저 그들을 알아가야 합니다.

•소통하기 : 이주민의 이야기에 귀를 기울이고 그들의 삶에 공감할 때, 이주민의 이야기가 우리들의 이야기가

됩니다.

•친구 되기 : 환대는 우정으로 이어집니다. 이주민을 돕는 대상이 아니라 진정한 친구로 받아들이는 것이 환대입니다. 환대를 통해 이주민들은 우리 사회에서 새로운 희망을 얻고, 우리는 하나님께서 창조하신 다양성의 아름다움을 느끼게 됩니다.

•우리 되기 : 환대는 공동체를 만드는 힘이 있습니다. 이주민을 존중하고, 그들을 공동체의 일부로 받아들일 때, '우리'라는 정체성을 형성할 수 있습니다. 환대를 통해 우리는 동질감을 찾고, 함께 살아가는 의미를 더욱 깊이 느낄 수 있습니다.

✔ **개인이 실천할 수 있는 것은?** ●

1. 이주민을 집으로 초대해 음식과 대화로 우정 나누기
2. 대학 캠퍼스에서 만나는 외국인 유학생과 친구 되기
3. 우리 아이의 반에 있는 이주민 아이들과 함께 노는 시간 마련하기
4. 이주민의 상황에 대해 알아가기
5. 국내 이주민 사역 단체들을 통해 이주민들을 직접 만나기

✔ **함께 실천할 수 있는 것은?** ●

1. 이주민과의 소셜 네트워크 형성하여 적극적으로 소통하기
2. 한국의 공공정책에서 이주민 환대가 어떻게 반영되는지 모니터링하기

✔ **관련 정책과 필요 정책은?** ●

1. '이주민 키맨 리더십 양성 프로그램'을 개발하고 지원 : 먼저 한국 사회의 환대를 경험하고 성공적으로 정착한 이주민 키맨을 양성

<참고자료>
- EBS 지식채널e <우리 모두의 이야기>, <또 하나의 교과서>
- 법무부 출입국·외국인 정책 본부 - 세계인과 소통하는 공감매거진 '공존'

성별에 따른 일, 따로 있지 않아요

젠더에 대한 편견에 뿌리를 둔 어린이 진로교육 괜찮을까요?

어린이 진로교육, 무의식적으로 심어지는 성별 고정관념

"남자답게 경찰이 되어야지!"

"여자는 간호사가 어울려."

어린이는 유아기부터 주변의 말과 환경을 통해 '남자의 직업', '여자의 직업'이라는 틀을 배우게 됩니다. 장난감 판매대에서도 남아용은 중장비, 공룡, 로보트가 주를 이루고, 여아용은 인형, 요리 세트가 자리 잡고 있습니다. 학교에서 배우는 교과서에서도 남성은 의사, 여성은 간호사로 등장하는 경우가 많습니다.

하지만 현실은 어떤가요? 남성 간호사도 있고, 여성 경찰도 있습니다. 어린 시절부터 특정 직업을 특정 성별과 연결하는 진로교육이, 아이들의 가능성을 제한하고 있지는 않을까요?

남성과 여성, 직종과 직무의 분리는 현실이지만, 미래도 그래야 할까요?

한국의 직업 세계는 여전히 성별에 따라 분리된 특성을 보입니다. 여성의 60% 이상이 교육, 보건, 복지, 서비스직에서 일하고 있습니다. 공학, IT, 건설, 제조업 분야에서 여성의 비율은 10% 미만입니다. 또한, 기업 내에서도 남성은 기술·관리직, 여성은 지원·보조직에 치중되어 있습니다.

이러한 직무와 직종의 분리는 단순한 '선택'의 문제가 아닙니다. 사회적 구조와 교육, 문화적 영향이 복합적으로

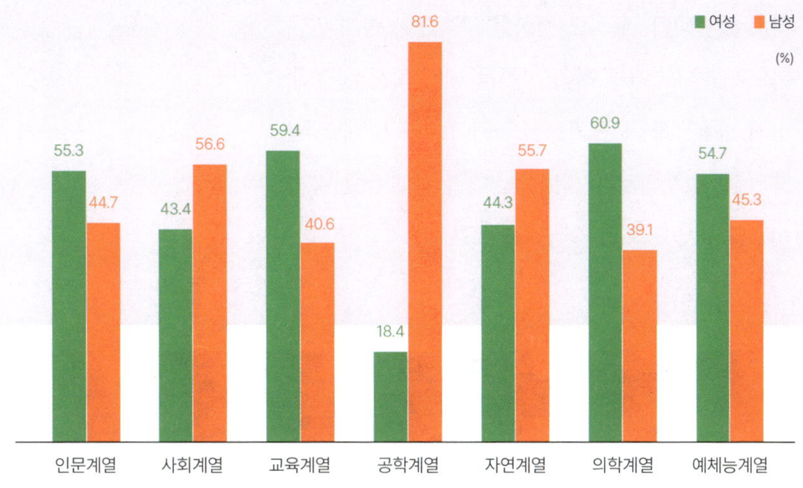

대학 계열별 성별 비중 출처 : 2017년 교육통계연보

작용한 결과입니다. 미래 세대가 보다 자유롭게 원하는 일을 할 수 있도록 하기 위해, 우리는 어떤 노력을 해야 할까요?

젠더 고정관념에서 벗어난 새로운 진로교육이 필요해요!

어린이들이 꿈을 선택할 때, 성별보다 '흥미'와 '재능'이 더 중요해야 합니다. 이를 위해 다음과 같은 변화가 필요합니다.

- 교과서와 교육 자료에서 직업과 성별의 고정된 이미지를 다양화하기
- 유아기부터 성별 관계없이 다양한 직업을 접할 수 있도록 교육 기회 제공하기
- 부모와 교사가 무의식적으로 '남자다운 직업', '여자다운 직업'을 강요하지 않기

이미 여러 나라에서는 초등학교에서부터 젠더 중립적인 직업 교육을 도입

하고 있습니다. 우리도 변화를 시작해야 하지 않을
까요? 성별에 따른 직업의 틀을 깨는 작은 실천이,
미래 세대에게 더 큰 가능성을 열어줍니다. 이제, '남
자의 일, 여자의 일'이 아니라, '내가 하고 싶은 일'을
선택할 수 있도록 함께 바꿔보아요!

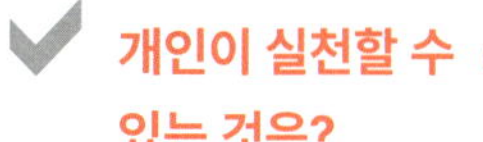

개인이 실천할 수 있는 것은?

1. 아이들이 직업을 고를 때, 성별이 아니라 '재능과 흥미'에 초점을 맞추기
2. 성 역할이 강조된 장난감이나 동화책 대신 다양한 직업을 접할 수 있는 콘텐츠 보여주기
3. 일상에서 성별에 따른 직업 고정관념을 지적하고 변화시키려 노력하기

함께 실천할 수 있는 것은?

1. 학교와 지역사회에서 다양한 직업군의 롤모델을 초청해 강연 듣기
2. 어린이 진로교육 프로그램에 성별 고정관념을 깨는 콘텐츠 포함시키기

관련 정책과 필요 정책은?

1. 초·중·고 진로교육 교재에서 성별 고정관념을 반영한 표현 수정
2. STEM(과학·기술·공학·수학) 분야에서 여성 멘토링 프로그램 확대
3. 남성이 적은 직종과 여성이 적은 직종에서 성별 다양성을 높일 수 있도록 정책적 지원 강화

<참고자료>
- '99.5년 후, 세상의 남과 여', 뉴스G
- '"남자고교 직업체험에 간호사를 배치해?"…진로교육 성차별 여전', 연합뉴스 https://youtu.be/BnGbUT674nQ
- '"성차별이 뭐예요?" "'여자라 못한다'는 말 부모님이 더 싫어해요"', 동아일보, 2013.12.19

뉴스G

우리는 모두 어린이였다

노키즈 대신 예스키즈

아이와 함께라서

동네에 좋아하던 식당 앞에서 입장을 거절당했던 경험이 있습니다. 식당 안에는 빈자리가 있었는데 사장님은 "지금은 점심시간이니 한산할 때 다시 오시면 식사가 가능하다"라고 하시며 저희를 돌려보내셨습니다.

남편과 자주 가던 식당인데 그날은 유아차에 탄 아기와 함께였기 때문입니다. 사장님은 굉장히 친절했고 죄송하다고도 하셨지만, 점심시간이 다 지나고 나서야 우리를 받아줄 수 있다는 그 말이 참 속상했습니다. 이후 그 식당 SNS에는 '노키즈존'이라는 문구가 붙었습니다.

알려주고 시간을 준다면

이해가 영 가지 않는 것은 아닙니다. 아기들은 때와 장소를 가리지 않고 울기도 하고, 좀 더 큰 어린이들은 이리저리 뛰어다니고 시끄럽게 떠들기도 합니다. 이러한 어린이들의 행동은 안전사고로 이어질 수도 있고, 함께 있는 다른 이들에게 불편함을 줄 수도 있습니다.

하지만 어린이들 모두가 항상 그렇지는 않습니다. 누군가가 돌봐준다면 사고는 예방할 수 있습니다. 미리 주의사항을 알려준다면 어린이도 스스로 조심할 수 있습니다. 울음을 그치지 않는 아기도 보호자에게 조금만 시간을 준다면 달래줄 수 있습니다.

거절과 배제라는 태도

노키즈존을 주장하는 이유를 들여다보면, 그 문제는 종종 함께하는 보호자가 아이들을 충분히 보호하지 못할 때 발생합니다. 자신의 아이들을 방치하고 타인에게 무례하게 구는 보호자들에 대한 거절인 셈입니다.

하지만 무책임한 보호자들만 탓할 수는 없습니다. 노키즈존은 어린이들을 미숙하고 번거로운 존재로 여겨 어른들의 공간에서 배제하려는 사회적 태도와 맞닿아있기 때문입니다.

마음의 품을 넓혀

어른으로 태어나는 사람은 없습니다. 우리는 모두 어린이였습니다. 부주의한 안전사고는 어린이뿐 아니라 어른에게서도 일어날 수 있고, 무례한 행동은 때론 아이들보다도 어른들에게서 자주 보여집니다.

노키즈존으로 모든 어린이를 거절하기보다는 "작은 소리로 이야기하기", "뛰지 않기", "만지지 않기"처럼 구체적인 행동을 제한해준다면 어떨까요. 우리 모두 시끄럽게 떠들고 여기저기 뛰어다니던 어린이였던 것을 기억한다면 조금은 마음의 품이 넓어지지 않을까 생각해봅니다.

 **개인이 실천할 수 있는 것은?** ●

1. (보호자라면) 공공장소에서 내 아이의 행동을 적극적으로 책임지기
2. (사업주라면) 노키즈존 대신 구체적인 행동을 제한하는 문구 사용하기
3. 넉넉한 마음으로 어린이를 대해주기

 **함께 실천할 수 있는 것은?** ●

1. 어린이들과 함께할 수 있는 안전한 공간 만들기
2. 어린이 자체로 공동체 구성원임을 인식하기

 **관련 정책과 필요 정책은?** ●

1. 어른과 어린이들 모두가 안전하게 즐길 수 있는 공공공간 확대
2. 사업장에서 발생하는 안전사고에 대해서 사업주와 어린이(보호자) 간의 책임을 정당하게 따질 수 있는 법안을 마련

노동하는 우리와 함께

시끄러운 도심 속 농성천막과 불편한 기도회

거리 위 불편한 공간

도심 속 어색하게 설치된 천막 그리고 그 주변에 걸린 무서운 내용의 현수막을 보신 적이 있으신가요? 도로 또는 통행로 일부를 막고 스피커를 켜고 노래를 틀고 시끄럽게 외치는 누군가의 목소리에 지나가는 걸음이 빨라지고 눈살이 찌푸려졌던 불편한 경험 한 번쯤 있으리라고 생각합니다. 농성장이라 불리는 낯선 곳의 이야기를 한 번 들어봐 주시지 않겠습니까?

불편한 노동현실

계약서에서나 볼 수 있는 '갑, 을'이라는 말이 '갑질'이라는 하나의 신조어로 탄생한 배경에는 불균형한 권력관계가 작동하는 노동현실이 자리 잡고 있습니다. 힘든 육체 노동일수록 존중받기보다는 오히려 하대하는 현실, 구매자의 자리에 가면 판매 노동자의 인권을 무시해도 된다는 비상식, 노동조합 등 노동자의 권리를 대변하는 제도나 장치 없이 쉬운 해고에 시달려야 하는 사람들이 있습니다. 심지어 노동조합을 만들다 정리해고를 당하는 경우도 있습니다.

자신이 노동하고 헌신한 공간에서 부당한 갑질을 겪었을 때, 신체의 상해를 입게 되거나 심지어 목숨을 잃었을 때 책임 있는 사람의 대응이나 사과, 재발 방지를 막는 대책이 전혀 없는 경우가 꽤 많습니다. 노동청에 진정을 넣어보

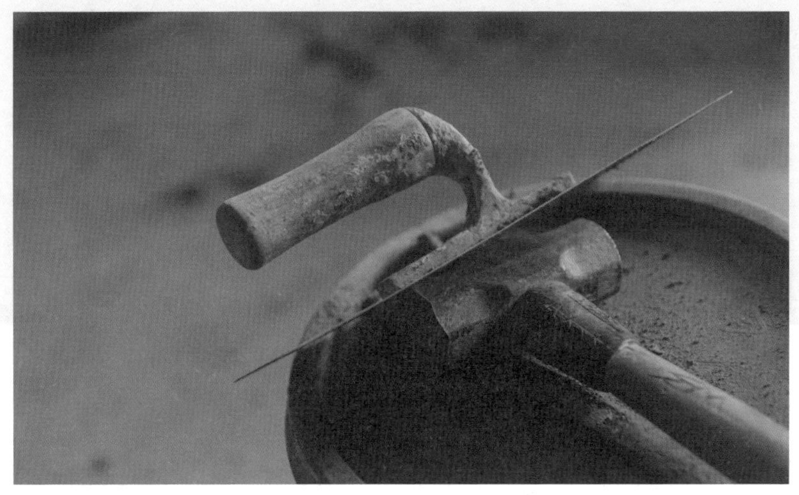

기도 하고 주변에 도움을 구해 보기도 하지만 시간도 한참 걸리고 막막한 상황에 처할 때가 많습니다.

이렇게 불편하게 할 필요는 없잖아요?
꽃다지의 노래 중에 "내가 왜 세상에 버림받은 채 영문도 모르는 사람들에게 귀찮은 존재가 됐는지"라는 가사가 있습니다.

처음부터 농성천막을 차리거나 1인 피켓팅 시위를 하려고 했던 사람은 아무도 없을 것입니다. 농성이 이렇게 길어질 줄도 몰랐다고 합니다. 이익을 위해서라면 아마 포기했을 것입니다. 정중하게 말해도 봤을 것이고 다른 방법도 찾아봤을 것입니다. 다른 직장을 구하는 것도 고민해 봤을 것입니다. 하지만 지렁이도 밟으면 꿈틀한다는 속담처럼 사람의 존엄이 걸린 일 앞에서 우뚝 솟아나는 경우를 보게 됩니다.

불편함의 곁에서
명동2지구 세입자 대책위 농성장, 세종호텔 앞 부당해고 철회를 바라는 농

매주 화요일 저녁 7시에는
세종호텔 해고노동자들의 복직을
위한 기도회가 진행된다.

성장, 구 노량진 수산시장 상인들, 세월호 유가족들, 스텔라 데이지호 참사 유가족들, 한국옵티칼하이테크 고공농성장 등, 보는 사람으로 하여금 불안하게 때로는 불편하게 하는 농성장에는 괴물이 아닌 사람이 있습니다. 그곳에서 진행되는 기도회는 그렇게 감동적이지 않을 때가 많습니다. 자동차 소리가 시끄럽고 낯설고 지나가는 사람의 눈치도 보입니다. 하지만 이 기회가 아니고서는 들을 수 없는 목소리가 있습니다. 마음을 기울인다는 말처럼 조금 불편하더라도 나의 삶을 기울여서 불편한 진실을 찾는 마음으로 현장의 목소리를 들어보시는 것은 어떨까요?

 **개인이 실천할 수 있는 것은?**

1. 외면하고 있는 노동자들의 불편한 진실에 귀기울여보기
2. 농성장 현장기도회에 참여해보기

 **함께 실천할 수 있는 것은?**

1. 교회, 공동체, 소모임에서 현장의 소식을 나누기
2. 나와 내 이웃에게 필요한 노동법 알아보기

 **관련 정책과 필요 정책은?**

1. 노동법의 사각지대에 있는 노동자에 대한 대책 마련
2. 노동조합법 2, 3조 개정

자살, 말할 수 있는 죽음

피하지 말고 맞서야 하는 죽음

피해서는 안 될 단어, 자살

최근 유명 정치인이 자살했습니다. 언론은 '자살'이라는 단어를 피하기 위해서 무단히도 노력했습니다. 사망이라 객관화하며 현장에서 유서가 발견됐다고 합니다.

그 이전에도 어떻게 표현해야 할지에 대한 논의가 있었습니다. 그래서 한때는 극단적 선택이라는 단어를 썼습니다. 전에는 너무 생생하게 '자살'을 드러내서 문제였는데, 이제는 너무 숨겨서 문제입니다. 그렇게 자살은 우리가 숨기고 싶어하는 단어입니다. 그러나 우리가 피해서는 안 될 단어입니다.

우리가 외면한 자살의 현실

우리나라는 OECD 국가 중에 자살률 1위를 2003년부터 20년 넘게 지켜왔습니다. 대개 이렇게 자살률이 높아지면 다른 나라는 특단의 조치를 취해서

그 순위를 몇 년 지나지 않아 내려놓습니다. 그런데 대한민국은 20년이 넘도록 다른 나라와는 비교가 안 될 높은 자살률을 지키고 있습니다.

2023년 자살로 인해서 죽은 사람의 숫자는 1만 3,978명입니다. 2024년 잠정치는 이를 훌쩍 넘어서는 1만 4,429명입니다. 최근 자살자의 숫자가 빠르게 증가하고 있는 추세로 하루 평균 40명입니다. 10대와 20대, 그리고 30대의 사망원인 1위는 자살입니다. 그리고 40대와 50대에서는 사망원인 2위입니다.

그런데 자세히 볼 부분이 있습니다. 20대 사망자 중에 52.7%가 자살로 인한 죽음입니다. 즉 20대 사망자 중 절반 이상이 자살로 인해 죽었습니다. 그리고 10대는 46.1%, 그리고 30대에서는 40.2%입니다. 40대는 23.4%이고 50대는 11.1%입니다. 우

리가 자주 접하게 되는 50대 장례의 10건 중 하나 이상이 자살로 인한 것입니다.

우리는 유명인이 자살하면 충격을 받습니다. 그리고 자살의 위험성에 대해서 이야기합니다. 하지만 그때뿐입니다. 언론에서 잠시 화제가 될 뿐이지 현장에서 달라지는 것이 없습니다. 현재 한국의 중앙정부에서 쓰는 자살 예방예산은 약 500억 원입니다. 하지만 일본의 경우는 약 8천억 원을 씁니다. 약 1/8입니다. 한때 30배 이상 차이가 나던 때도 있었으니 다행이라고 할 수 있습니다. 그런데 20년간 OECD 국가 중에 자살률 1위를 한 나라에서 이렇게 안이하게 대처해도 될까 하는 의문이 듭니다.

바로 한 생명부터

사람이 스스로 죽는 데는 수만 가지의 이유가 있습니다. 어느 한 가지로 정리될 수 없습니다. 그 말은 사람을 살리기 위해서는 수만 가지의 노력이 필요하다는 것입니다. 이 수만 가지의 노력은 어느 누구도 혼자 할 수 없습니다. 이 사회가 모두 달라붙어서 노력해야 합니다. 바로 내 옆에 그 한 사람부터 살려야 합니다.

▼ **개인이 실천할 수 있는 것은?** ● 1. 생각나는 바로 그 한 사람에게 안부 전하기

2. 우리 주변에 자살유가족에게 위로의 문자 보내기

3. 자살예방단체 활동에 참여하기

▼ **함께 실천할 수 있는 것은?** ● 1. 9월 둘째 주 '생명보듬주일' 함께 지키기

2. 정신건강복지센터 등 주변에서 운영하는 자살예방캠페인 및 교육 참여하기

▼ **관련 정책과 필요 정책은?** ● 1. 자살예방을 위한 정부의 적극적인 참여 필요

2. 지역을 넘어 종교별 자살예방센터 설립 및 자살유가족지원센터 설립

3. 명분상의 자살예방교육이 아닌 실제적인 교육 지원

<참고자료>

- 라이프호프 기독교자살예방센터 홈페이지 www.lifehope.or.kr
- 한국생명존중희망재단 홈페이지 www.kfsp.or.kr
- 한국자살유족협회 www.besidekorea.org

사회적 재난 참사 앞에

그리스도인의 소명, 소금과 빛의 역할

어두운 밤, 밝아진 공간

어두운 밤, 집에 돌아온 나는 가장 먼저 전등을 켭니다. 어둠으로 덮여있던 나의 공간은 빛을 받아 이른 아침 그 공간 속 나의 걸음을 다시 따라 움직입니다. 정리되지 않은 이불, 훌러덩 던진 잠옷, 먹다 남긴 아침 식사.

밝아진 공간에서 나는 지난 나의 아침을 천천히 정리합니다. 옷을 제자리에 개켜두고, 남긴 식사를 정리하고 다시 들어갈 이부자리를 정돈하고, 힘이 남았다면 설거지와 집안 곳곳 밀대 질을 합니다. 어두울 때 보이지 않던 나의 흔적을 정리합니다. 그 모든 것을 정리한 후에야 불을 끄고 하루를 마무리합니다.

참사의 서사를 바로 보는

참사는 '자본'과 '권력'이란 어둠이 켜켜이 쌓여 생명과 안전을 완전히 덮어버릴 때 사회적 재난 참사라는 이름으로 터져 나옵니다. 어떤 이들의 자본이, 어느 누구의 권력이 이들을 덮었는지 그 순간을 다시 면밀히 살피며 참사의 올바른 재난 서사를 다시금 작성해야 사회는 반복되는 재난 참사를 막아낼 수 있습니다.

2014년 세월호 참사 이후 일어난 재난 참사는 9건 이상입니다. 참사는 각각의 다른 상황과 공간 속에서 모두 다른 형태로 일어났습니다. 그러나 단 한 건도 참사의 사고 원인부터 진상규명까지 면밀히 들여다보며 작성된 재난

2025년 3월 10일 생명안전기본법 공동발의 기자회견

서사는 없습니다. 사건 발생일로부터 10년, 20년이 넘게 흘렀어도 참사의 피해자들이 모두 같은 주장을 하는 이유는 이 때문입니다. 어떤 참사도 제대로 된 진상규명과 재발방지대책을 완성하지 못했습니다.

참사 앞에 우리는

유가족들은 참사 이후 각자의 자리에서 빛을 듭니다. 참사 당일의 진실을 밝히기 위한 빛, 거대한 어둠에 사라진 가족의 명예회복을 위한 빛, 그리고 재발방지대책을 마련하기 위한 빛입니다. 유가족들이 올린 빛은 피해자를 넘어 사회 모든 구성원들에게 닿습니다. 여행 중에, 길을 걷는 중에, 노동하다 죽지 않길 바라며 그 빛을 높이 듭니다.

기독교인은 소금과 빛의 역할을 감당할 소명을 품고 있습니다. 우는 자들과

10.29이태원 참사 기억과 추모의 길

함께 울며 빈곤한 자와 눈을 마주하고 차별받는 이들과 손을 잡던 예수가 오늘 우리에게도 같은 말씀을 전하고 있기 때문입니다.

재난참사 앞에서 기독인들의 역할은 무엇일까, 함께 빛을 밝히는 역할입니다. 우는 자와 함께 우는 것에서 만족하지 않고 함께 진실을 향해 빛을 들고, 재발방지대책을 위해 빛을 드는 것이 우리의 역할이라 생각합니다.

참사가 있던 그날, 그 순간, 그 상황에 다시 빛을 밝혀야만 우리는 진실을 볼 수 있습니다. 누구의 목소리가 그 거리에 잠겨있는지, 누구의 기도가 그 현장에 남아있는지, 어떤 권력과 자본이 이 수많은 생명을 앗아갔는지 그 흔적을 함께 찾는 이들이 되어야 합니다.

빛을 향해 가는 길은 참 더딥니다. 오래도록 켜켜이 쌓인 어둠들이 나아가는 이들의 발목을 잡습니다. 그 어둠에 빛을 비추고 함께 나아간다면 재난을 멈추는 나라로 바꿀 수 있지 않을까요?

✔ **개인이 실천할 수 있는 것은?** ●

1. 참사 심볼 리본 달기 – 보라리본(10.29 이태원참사), 노란리본(4.16세월호참사), 초록리본(오송지하차도참사), 주황리본(스텔라데이지호 침몰) 등
2. 재난참사 기억공간 방문하기 – 삼풍백화점 붕괴참사 기념탑, 대구 지하철 화재참사 기억공간, 세월호 기억공간, 이태원참사 별들의 집 등
3. 재난 참사에 대한 2차 가해 인지하기

✔ **함께 실천할 수 있는 것은?** ●

1. 재난참사 추모 예배 드리기
2. 재난참사 추모식, 추모 시민대회 등 참여하기

✔ **관련 정책과 필요 정책은?** ●

1. 생명안전기본법
2. 각 참사별 진상규명 특별법

<참고자료>
- '유족 아픔 오래 함께하며,,, 제대로 된 재난 서사 써야', 주간경향, 2025.1.13
- 『사고는 없다』, 제시 싱어 지음, 위즈덤하우스 펴냄
- '159km 순례길', 경인일보, 2023.6.25

미디어 능력 키우기

가족과 함께, 더 풍요로운 삶을 누리기 위해 미디어에게 잠시 안녕을!

미디어 의존으로 잃어버린 삶

"필멸자들의 삶에 저주 없는 광대함은 없다." _소포클레스Sophocles

인터넷, 스마트폰, SNS는 우리의 삶과 떼어 놓을 수 없는 일부가 되었습니다. 아기 육아부터 학습과 교육, 그리고 쇼핑과 여가, 비지니스와 사회적 관계형성, 심지어는 가족의 역할까지 미디어가 대체하고 있습니다. 미디어는 우리의 모든 불편을 제거하고, 삶을 풍요롭게 만드는 만능키가 된 것 같지만, 그리스 철학자 소포클레스가 경고한 대로, 반드시 지불해야 할 대가가 있습니다.

스마트폰으로 인해 수면의 질이 저하돼 신체적, 정신적 건강과 삶의 질이 크게 떨어졌습니다. 또한, 스마트폰과 시간을 보내면서 신체활동이 줄어들고, 운동부족 학생 비율이 95%로 급증했습니다. 두뇌의 70%가 손과 입과 발로 연결되어 있습니다. 두뇌가 자극을 받은 만큼 발달한다는 가소성법칙에 의하면, 스마트폰이나 게임을 하고 있는 동안 두뇌의 70%는 꺼져 있는 상태입니다.

그리고 스마트폰에 의존하면서 독서능력과 글쓰기 능력이 심각하게 저하되고 있습니다. 이미 많은 시간을 영상과 숏폼에 의존하면서 청소년의 문해력 지수는 세계 최하위 수준이 되었습니다. 스마트폰으로 당장의 만족은 얻을 수 있지만, 풍요로운 삶을 살기 위

한 모든 조건을 잃어버리고 있습니다.

미디어 절제력을 키우는
3-tact 실천하기

•<u>Untact</u> 미디어와 적당히 거리를 두
 는 가정환경을 만들자

모든 중독은 접근성에 비례합니다. 미디어 절제력의 출발은 가족 모두가 미디어와 적절한 거리두기입니다. 첫째, TV와 거리두기를 해야 합니다. TV에 덮개를 만들어 평소에는 TV를 가려 놓고, 중요한 이벤트가 있을 때는 가족이 함께 덮개를 치우고 사용할 수 있도록 안전장치를 마련해봅시다. 둘째는 스마트폰과의 거리두기입니다. 스마트폰을 가정 내에서 사용하는 기기가 아니라 외출할 때 사용하는 기기가 되게 하십시오. 이를 위해 가족 구성원 모두 집에서는 스마트폰을 손으로부터 분리시켜 보관바구니에 보관합니다. 셋째는 시간의 거리두기입니다. 가정에서 미디어 사용을 저녁 10시로 제한해

TV 덮개 현수막 디자인. 놀이미디어교육센터 홈페이지에서 이미지 파일을 다운로드받을 수 있습니다. 출처 : 놀이미디어교육센터

봅시다. 밤 10시가 되면 집에 있는 모든 영상기기를 끄는 것입니다.

•Ontact 지혜로운 사용을 위한 지침
지혜롭고 슬기로운 미디어 사용의 법칙은 '이용하고 싶을 때, 이용하고 싶은 만큼'이 아니라 '필요할 때, 꼭 필요한 만큼' 사용하는 것입니다. 인간의 욕망은 끝이 없고 미디어를 욕망을 따라 사용하는 것이 바로 미디어 중독입니다. 첫째, 가족 미디어 사용 시간 계획표를 만듭니다. 가족회의를 통해 각자가 어떤 목적으로 가정에서 어떤 미디어를 어느 시간에 얼마나 사용할 것인지 계획을 세워 실천해봅시다. 둘째로 미디어 사용 일지를 기록합니다. 미리 세운 시간 계획대로 미디어 사용을 실천하고 있는지를 스스로 점검하는 과정이 있어야 절제력이 키워집니다. 미디어를 사용하면 사용 후 바로 실천 기록장에 이용 시간과 내용 등을 간략히 기록하는 것입니다. 셋째는 시간 관리 프로그램을 활용하는 것입니다. PC나 패드를 이용할 경우에는 '맘아이'라를 프로그램을 추천합니다. 스마트폰의 경우에는 부모의 폰과 자녀의 폰을 동기화시켜 관리하는 '패밀리링크'나 '스크린타임'을 추천합니다.

•**Contact** 가족의 유대감과 친밀감, 좋은 관계를 만들자.

안전하게 미디어를 사용하려면 무엇보다 가족이 가정에서 시간을 함께 보내기를 권합니다. 아이들이 미디어를 보는 것보다 가족과 대화하고, 노는 시간이 더 즐겁도록 만드는 것만이 미디어 정글의 위험으로부터 지켜내는 유일한 방법입니다.

 **개인이 실천할 수 있는 것은?**

1. 미디어 사용 시간 정하기
2. 스마트폰 보관바구니 사용하기
3. 시간 관리 프로그램 이용하기

 **함께 실천할 수 있는 것은?**

1. 가족 미디어 사용 시간 계획표 만들기
2. 미디어를 보지 않고 함께 즐거운 시간 보내기
3. 자녀 스마트폰 관리 어플 활용하기

가치를 지향하는 하모니

윤리적 소비와 투자로 기업의 사회적 책임 요구

전 세계가 사회 양극화, 경제 불평등, 기후 위기와 같은 거대한 난제에 직면한 가운데, 이를 해결하기 위한 다양한 조직과 개인의 노력이 계속되고 있습니다. 이러한 변화 속에서 기업은 어떤 역할을 해야 하며, 우리는 개인으로서 어떤 방식으로 기여할 수 있을까요?

기업: 가치를 추구하는 기업의 확대

세상에는 다양한 목적과 유형의 기업이 존재합니다. 그중에서도 사회적 가치를 중심으로 운영되며, 지속가능한 비즈니스 모델을 통해 사회·환경 문제 해결에 기여하는 기업들이 점점 더 주목받고 있습니다.

캥스터즈Kangsters는 휠체어 사용자를 위한 운동 솔루션을 제공하는 에이블테크 기업으로, 대표 제품인 휠리엑스Wheely-X는 휠체어 러닝머신 개념의 솔루션으로, 게임을 활용한 재미있는 유산소 운동 경험을 제공합니다. 에버영피플EverYoung People은 평균 연령 65세의 300여 명의 시니어 직원들이 근무하는 IT 기업으로, 인공지능AI 데이터 구축 및 모니터링 서비스를 제공합니다. 이와 같은 기업은 소셜벤처, 사회적기업, 임팩트 스타트업 등으로 불리며 새로운 경제 생태계를 형성하고 있습니다.

가치소비: 개인이 만드는 변화

윤리적이고 지속가능한 소비, 즉 가치

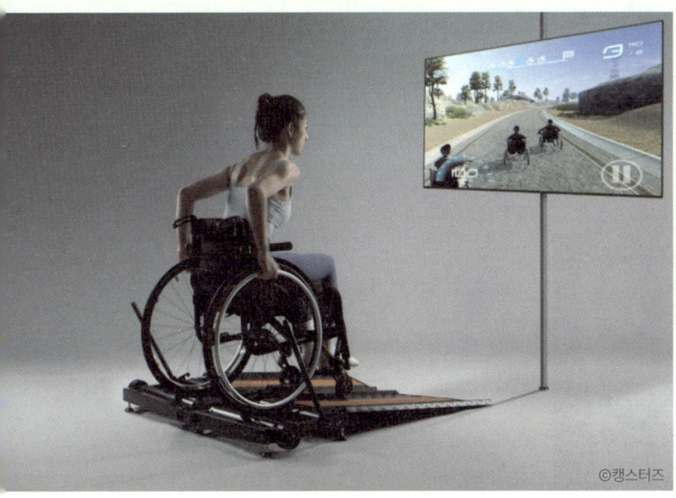

소비는 소비자가 사회적 책임을 실천하는 강력한 방식입니다. 파타고니아Patagonia는 '이 재킷을 사지 마세요Don't Buy This Jacket' 캠페인을 통해 과소비 문제를 지적하며 소비자의 선택은 기업이 윤리적이고 지속가능한 방향으로 운영되도록 유도하는 강력한 메시지가 될 수 있음을 보여주었습니다.

투자: 기업 성장을 위한 동력

임팩트 투자Impact Investing는 단순한 재무적 수익을 넘어, 기업이 창출하는 사회적·환경적 임팩트를 고려한 투자를 의미합니다. 엠와이소셜컴퍼니MYSC는 2021년 에티컬 펀드Ethical Fund를 조성해 윤리적 경영을 실천하는 초기 스타트업을 지원하고 있습니다.

이 펀드의 투자 기업 중 하나인 문카데미는 음악·미술·체육음미체 크리에이터들의 일자리 문제를 해결하고, 새로운 형태의 여행을 통해 건강한 삶을 지원하는 플랫폼 '클투'를 운영하고 있습니다. 이러한 투자 사례들은 임팩트 투자가 기업 성장의 동력으로 작용할 수 있음을 보여줍니다.

문화: 생태계를 활성화하는 윤활유

가치 중심 경제 생태계는 기업과 투자

뿐만 아니라 문화적 동반도 필요합니다. 대표적인 글로벌 이니셔티브로는 기업의 지속가능성 및 사회적 책임을 인증하는 글로벌 무브먼트인 B Corp비콥과, 매출의 1%를 환경 보호 단체에 기부하는 프로그램인 1% for the Planet지구를 위한 1% 등이 있습니다.

이러한 움직임은 기업과 투자자가 지속가능한 방식으로 운영되도록 유도하며, 경제·사회적 변화를 촉진하는 중요한 문화적 요소가 됩니다.

결론: 가치경제

가치소비와 가치투자는 더 나은 세상을 위한 실천적 방법입니다. 기업은 책임 있는 경영을 실천하고, 투자자는 임팩트 투자로 이를 지원하며, 소비자는 가치소비를 통해 변화를 확산시킬 수 있습니다. 결국, 우리 모두가 각자의 위치에서 긍정적인 영향을 만들어가는 것이 가치 경제의 핵심입니다.

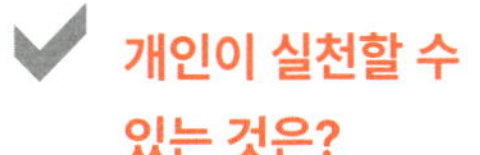

개인이 실천할 수 있는 것은? ●

1. 임팩트를 실천하는 기업 제품/서비스 이용하기
2. 동의하는 가치를 실현하는 이니셔티브 지지와 참여하기
3. 가치를 추구하는 기업의 엔젤투자 혹은 출자자로 참여하기

함께 실천할 수 있는 것은? ●

1. 기업과 소비자가 함께하는 가치소비 문화 구축하기
2. 다양한 목적달성을 위한 여러 형태의 임팩트 펀드 조성하기
3. 미디어와 교육기관과 함께 인식 확산 캠페인 진행하기
4. 지속가능한 공급망 구축을 위해 협력하기

관련 정책과 필요 정책은? ●

1. 가치 추구 기업을 위한 지원 정책 강화
2. 가치소비 및 책임경영, 임팩트 투자를 장려하는 다양한 혜택 도입
3. 사회적기업, 베네핏코러페이션 등 인증을 넘어선 별도 법인격 도입

<참고자료>

- MYSC 임팩트 스타트업 육성 프로그램 https://ema.kr/
- B Corp : https://bcorporation.kr/
- 1% for the planet : https://www.onepercentfortheplanet.org/
- 문카데미 클투 홈페이지 https://cr8tour.com/

공동체를 지키는 힘

사회 변화를 만드는 자원봉사

자원봉사가 없어진다면 세상은 어떻게 될까요? 타인에 대한 배려, 공감, 도움의 손길, 약자를 위한 돌봄과 옹호 등이 사라진다면 우리의 삶은 무척 각박해지고 절망이 더해질 것입니다. 봉사활동은 '자원봉사'라고 이름 붙이지는 않았지만 인류의 긴 역사 속에서 공동체를 지탱해 온 보이지 않는 힘이었습니다.

2007년 서해안에 막대한 기름이 유출되어 해양생태계와 어민들의 일터가 오염되었을 때 그 바다를 살리고 어민들에게 힘을 준 것은 123만 자원봉사자의 헌신이었습니다. 크고 작은 산불과 홍수, 태풍에 모두 망연자실할 때 가장 먼저 채비를 차려 복구현장을 누비고, 구호물품을 꾸리고, 밥차를 몰아 따뜻한 한 끼를 만들어 위로하고, 일상에서는 도움이 필요한 곳을 찾아 이웃을 돌보는 자원봉사자가 있습니다.

자선을 넘어 사회변화를 만드는 자원봉사

자원봉사는 사후의 어려운 상황을 수습하는 일도 하지만 예방의 기능도 합니다. 최근에 자원봉사에서 크게 관심을 갖는 부분은 탄소배출을 줄이고 기후 위기에 대응한 다양한 시민실천 운동을 확산하는 것입니다. 쓰레기와 비닐, 플라스틱 사용을 줄이는 노력, 전기에너지를 아끼고, 자투리 땅에 나무를 심는 활동, 쓰레기 불법 투기를 막

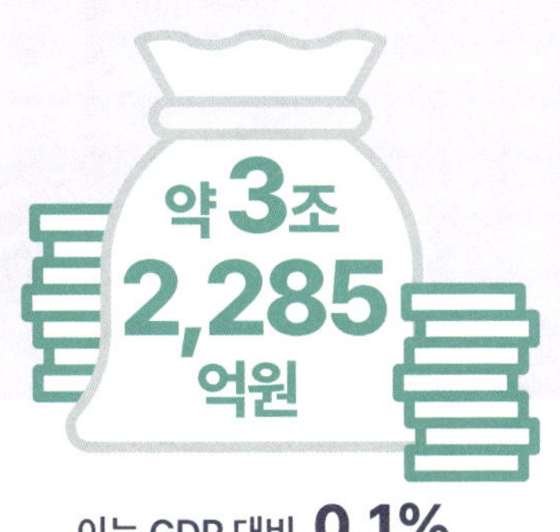

자원봉사는 사회통합 및 사회적 연결망 확장기능 뿐 아니라 경제적 가치 측면에서도 공적 지출을 보완하는 역할을 한다. 출처 : 2023 전국자원봉사활동 실태조사, 행정안전부, (사)한국자원봉사학회

기 위한 리빙랩 실천 등 다양한 아이디어로 사회변화를 모색하고 있습니다.

또한 지역사회의 안전망을 구축하기 위해 자원봉사센터, 복지관, 지역 정신보건센터 등과 연결하여 노인 우울증 및 자살 예방사업을 펼치고 마을의 홀몸 어르신들이 서로 보살필 수 있는 네트워크를 만드는 활동을 통해 더 큰 사회문제를 예방하고 안녕한 사회를 만드는데 힘을 쏟는 봉사활동도 있습니다. 우리의 마음과 관심을 주변으로, 공동체로 확장하는 것이 자원봉사입니다.

자원봉사의 가치와 봉사자의 수고를 인정하는 문화 필요

그런데 우리는 자원봉사자를 궂은일, 일손 보충, 행사장을 채우는 사람들로 인식하기도 하고 무임금 또는 적은 비용으로 남이 하기 싫은 일을 해 내는 사람들로 치부하기도 합니다. 지금은 학생 자원봉사가 의무가 아니지만 몇

년 전만 해도 봉사점수를 주겠다며 청소년들을 동원하기도 했지요. 자원봉사 참여동기를 살펴보면 '여가시간 활용', '다양한 경험', '자기계발과 성장', '노블레스 오블리주'로부터 '시민으로서의 도덕적 의무와 책임을 다하기 위해', '사회문제를 해결하고 사회에 필요한 사람이 되기 위해서'라는 답변이 늘어나고 있습니다.

시민으로서 공동체에 보탬이 되고자 자기 시간과 재능을 기꺼이 내놓으려는 사람들에게 좀 더 참여 동기가 강화될 수 있도록 자원봉사의 가치인정, 봉사자에 대한 인식전환, 그리고 그 노력을 인정하는 제도적 뒷받침이 필요합니다.

✔ **개인이 실천할 수 있는 것은?** ●

1. 나의 관심, 재능, 시간에 맞는 봉사활동 찾아 활동하기(지역 자원봉사센터, 시민단체 등)
2. 평소 개선되었으면 하는 문제의 해법을 모색하며 봉사활동으로 기획해보기

✔ **함께 실천할 수 있는 것은?** ●

1. 자원봉사자에 대한 인식 전환하기(자원봉사의 가치와 봉사자의 수고 인정)
2. 시민주도 봉사가 원활하게 될 수 있도록 교육하고 역량 강화하기

✔ **관련 정책과 필요 정책은?** ●

1. 자원봉사 참여 확산 정책, 청소년 자원봉사 활성화를 위한 연구와 정책
2. 자원봉사 활동의 중요성과 가치를 사회적으로 인정하고 홍보
3. 시민주도의 봉사활성화를 위한 제도

<참고자료>
- 사회문제해결형 자원봉사 임팩트 보고서, 한국중앙자원봉사센터, 2023

고립된 삶에서 한몸살이로

함께 사는 관계의 중요성

외로움과 고독의 문화

"언제 밥 한번 같이 먹자."

일상에서 많이 나누는 인사말입니다. 사실 밥을 함께 먹는다는 건 사람 사이의 관계를 맺고 소통하는 중요한 문화적 행위였습니다. 하지만 급격한 산업화와 도시화로 인해 이러한 문화는 많이 변했습니다.

지금은 혼자 밥을 먹는 '혼밥'이 보편화되었고, 이것을 겨냥한 다양한 상품이 나와 있습니다. 하지만 이러한 혼밥 문화의 이면에는 고독과 외로움이 자리 잡고 있습니다. 1인 가구가 늘어남과 동시에 공유주택 같은 형태가 등장하는 것은 외로움과 고독에 대한 반증이기도 하고요.

'분리해서 지배한다'

도시화, 자본주의화, 세계화 과정은 정치, 경제, 문화를 비롯한 삶의 전반을 전면적으로 바꾸어 놓았습니다. 삶터 마을가 파괴되고, 국가와 자본이 결합한 권력이 만드는 질서를 강요당합니다. 이 과정에서 '분리해서 지배한다'는 가장 기본적인 지배 전략으로 삶의 관계가 철저히 분절됩니다.

각 영역과 성별, 세대가 나뉘어 갈등을 키우고 연대를 어렵게 합니다. 단절과 개체화는 시대 우상인 자본이 개인을 대중사회의 소비 주체로 만듭니다. 불안을 조장하고 욕망을 조작하여 고독한 개인을 대중문화와 소비문화로 마약 같은 위로에 빠져들게 합니다. 결국

은 더불어 사는 삶과 문화
를 어렵게 하여, 변혁의 동력
을 밑바닥에서부터 붕괴시킵니다.

사람은 생명살림의 주체

이렇게 우리가 살아가는 현실은 내가
살기 위해서 다른 사람과 생명을 도구
와 수단으로 활용합니다. 하지만 모든
생명은 본래 다른 생명의 살림 덕에 살
아가고, 동시에 다른 생명을 살리며 삽
니다. 사람은 다른 생명과의 관계 속에
서 살아가는 존재입니다. 그래서 마을
공동체라는 관계망이 중요합니다.

생명살림터-마을

마을공동체의 관계가 깨어진 지금은
'혼자'
가 당연한 시대가 되
었습니다. 이러한 상황에서 공동체를
이루는 시작은 혼자 하던 것을 '더불어
함께'하는 것입니다. 함께 밥을 먹고
가까이 살며 일상의 시공간을 공유하
는 것이 마을공동체의 핵심입니다.
마을에서 청년들은 진로나 이직, 독립,
연애, 결혼에 대한 고민을 함께 헤쳐
나갑니다. 공동 주거공간에서 생활하
면서 스스로 살림하는 역량을 기르고,
이사나 도배, 내부장식, 집수리 등도

외부 전문업체에 맡기지 않고 힘을 모아 해결합니다. 마을에서 치르는 혼인은 기존의 예식상품인 '스드메'를 강요받지 않고, 신부신랑이 살아갈 삶을 다짐하고 축복하는 아름답고 흥겨운 잔치로 만듭니다.

'독박육아'로 대표되는 임신·출산·육아 과정도 한 가정, 특히 여성만의 일이 아니라 마을 구성원 모두가 한 아이의 이모삼촌이 되어 돌봅니다. 날마다 마을밥상에 와서 배밀이하던 아기가 어느덧 아장아장 걸으며 첫돌을 맞으면 마을에서 돌잔치를 엽니다. 임신·출산·육아라는 과정을 통해 생명의 경이로움을 마을 구성원 모두가 누립니다. '한 아이를 키우는 데 온 마을이 필요하다'라는 지혜가 시대와 지역을 넘어 공유되는 이유입니다.

개인이 실천할 수 있는 것은? ● 1. 동아리, 공부모임, 마을공동체 등의 새로운 관계 맺기를 시작하기

2. 마을공동체로 살아가는 곳 방문하기

함께 실천할 수 있는 것은? ● 1. 공동밥상 모임 시작하기

2. 관계를 중심으로 산책할 수 있는 거리 안에 모여 살아가기

관련 정책과 필요 정책은? ● 1. 민(民)이 스스로 마을공동체를 이루어갈 수 있는 지원과 정책 수립

<참고자료>

- 『살림학 얼과길』, 철호 지음, 밝은봄 펴냄
- 『우린 다르게 살기로 했다』, 조현 지음, 휴 펴냄

● 필자 소개

강희영 수리상점 곰손 공동대표 _ *07 수리권*

권장희 사단법인 놀이미디어교육센터 소장 _ *27 미디어*

김성경 욕구코칭연구소장 _ *15 대화*

김승호 DMZ생태연구소 소장 _ *04 생명다양성*

김지애 고난받는이들과함께하는모임 연대사업팀장 _ *26 사회적 참사*

김현아 기독교윤리실천운동 사무처장 _ *02 슬로우 패션*

김희경 색깔있는그림자 대표, 가치가게 운영자 _ *06 제로 웨이스트*

박제민 녹색정치연구소 공동대표 _ *13 탈성장*

박제우 (주)아이티엘엔터프라이즈 상무(공정엔지니어) _ *16 인사*

박진영 녹색정치연구소 공동대표 _ *03 재야생화*

박현철 청어람ARMC 대표 _ *01 채식*

배융호 (사) 한국환경건축연구원 이사 _ *19 배리어 프리*

송기훈 前 영등포산업선교회 실무자 _ *24 노동*

신하영 세명대학교 교양대학 교육학 교수 _ *22 성평등*

유미호 기독교환경교육센터 살림 센터장 _ *10 플라스틱 프리*

윤동혁 기독교윤리실천운동 간사 _ *08 음식물쓰레기, 11 플뤼그 스캄, 14 기후정의*

이명진 기독교윤리실천운동 간사 _ *09 분리배출*

이예지 엠와이소셜컴퍼니 CIO(최고혁신책임자)/글로벌센터장 _ *28 윤리적 경제*

이창호 한국YMCA전국연맹 지역협력국장 _ *12 공유경제*

임소연 숨탄것들의교회 목사 _ *05 동물권*

임혜진 고려대 ISF(국제학생회) 간사 _ *21 이주민 환대*

장철순 기독청년아카데미 사무국장 _ *30 공동체*

전현숙 자원봉사이음 대표 _ *29 자원봉사*

정병오 기독교윤리실천운동 공동대표 _ *18 세대갈등*

정서형 솔리브벤처스 기업부설 연구소장 _ *20 발달장애인*

조성돈 라이프호프 기독교자살예방센터 대표, 실천신학대학원대학교 교수 _ *25 자살*

허지선 4년차 초보 엄마 _ *23 어린이*

홍천행 기독교윤리실천운동 간사 _ *17 차별*

기독교윤리실천운동은

민주화에 대한 열기가 절정을 이루던 1987년 12월, 손봉호, 김인수, 이만열, 장기려, 원호택, 이장규, 강영안 등 함께 성경공부를 하던 기독교인들이 뜻을 모아 시작한 기독시민운동입니다. 기윤실은 하나님의 말씀인 성경과 정통적 기독교신앙을 기본이념으로 복음에 합당한 윤리적 삶을 살아가는 정직한 그리스도인과 신뢰받는 교회가 되도록 섬기며, 정의롭고 평화로운 사회를 만드는 것을 사명으로 합니다.

기윤실
후원회원 가입

기윤실 뉴스레터
구독신청

자발적불편운동
소개영상